おうちで作る
プレミアム食パン

高橋雅子

PARCO出版

はじめに

masako's premium Home Made Bread

食パン。
やっぱり朝ごはんかな？　それとも、お昼ごはんのサンドウィッチ？
トーストしない、生食パン派？　さくっとカリッと、トースト派？
厚切り、それとも薄切り…。好みは何枚切り？
このお店のこの食パンに限る！　というこだわりがある人も多いのかな？

「食パン」と聞くだけで、実にさまざまなことを想像しますし、
みんなはいつも、どんな風に食べているのか、
どういうタイプの食パンが好きなのかを考えます。

最近は特に、街のパン屋さんの枠を飛び出して、
食パン専門のお店もたくさんできてきました。
長年パン教室を主宰してきた私から見ても、
近頃の食パンの味と製法の多様化には、驚きを隠せません。
それだけ、食べる側の好みが多様化しているということでもありますね。

私自身は、軽くてふわふわ、耳がさっくりしていて
適度に主張している感じが好みです。関西系のハードトーストなどが好き。
でも、今の食パンって百花繚乱。
耳がやわらかい食パン、ふわふわ食感の食パン、リッチな味わいの食パン…。
バラエティ豊かで面白いな…。
食べてみるほどに、私もいろいろ作ってみたくなって、
多彩な食パンを焼いてみました。

湯種でもちもちにしてみたり。国産の小麦粉を使ったり。
少しのイーストで冷蔵庫でゆっくり発酵させたり。
水分たっぷりの配合にしてみたり。リッチな材料をふんだんに使ったり。
おうちならではの食パンを、たくさん作りました。

高橋雅子

おうちで食パンを作る人は"ホームベーカリー派"と、
"手でこねてオーブンで焼く派"に分かれると思います。
ご安心ください（笑）。どちらのレシピも、たくさん考えました。

ホームベーカリーで作るなら、
機械にお任せなので、ベタベタ生地も難なく焼き上げられます。
だから、加水高めのレシピを多く載せました。

手ごね＆オーブンで焼く場合は、前種や湯種、低温長時間発酵など、
ひと手間加えたレシピを中心にしました。それぞれの特徴を活かし、
最大限おいしい食パンを、私なりに考えてみました。

さあ、どの食パンが気に入ってもらえるかな？
この本を参考にして、いっぱい、食パンを焼いてみてください。

Contents

はじめに……2

この本の使い方……6

この本でご紹介する食パンの形……7

食パン作りの基本材料……8

　こね上げ温度……9

　インスタントドライイーストの量と
　　発酵時間……9

食パンの型……10

　一次発酵に使用する透明ボウル……11

　油脂を換えるとどうなるの？……17

1 手ごねで作る編　　オーブンで焼く、プレミアム食パン

春よ恋のもちもちシンプル食パン……14

高加水食パン……20

湯種食パン……24

ふんわり甘口プレミアム食パン……28

ゴールデンヨットのホテル食パン……32

ハードトースト……36

生クリーム食パン……40

マスカルポーネ食パン……44

はるゆたかの濃厚食パン……48

南のめぐみのさくさく食パン……52

はちみつ食パン……56

豆乳食パン……60

ブリオッシュのミニ食パン……64

米粉のミニ食パン……68

シナモンロール食パン……72

デニッシュ食パン……76

抹茶大納言デニッシュ食パン……82

チョコデニッシュ食パン……83

2 ホームベーカリーで作る編　ホームベーカリーで焼く、プレミアム食パン

ふわふわプレミアム食パン…… 90
さっくりイギリス食パン…… 92
エアリー食パン…… 94
しっとり生クリーム食パン…… 96
なめらかホテルブレッド…… 98
もちもち食パン…… 100
古代小麦食パン…… 102

贅沢食パン…… 104
パンオレ…… 106
ヨーグルト食パン…… 108
レーズン食パン…… 110
ココア食パン…… 112
あずき食パン…… 114
グラハム食パン…… 116

エスプレッソ食パン…… 118
くるみメープル食パン…… 120
ストロベリー食パン…… 122
チーズゴロゴロ食パン…… 124

小麦粉カタログ…… 126

この本の使い方

1 「手ごねで作る編」のこね方

「手ごねで作る編」に登場する食パンは、一部をのぞいて、こね作業をホームベーカリーで行うことができます。一次発酵、成形、最終発酵、焼き上げは手作業で行います。特に、ブリオッシュなど油脂分が多い生地をこねるのは難しいので、ホームベーカリーの使用がおすすめです。レシピページ内の「こね」の工程の近くに方法を記載しているので、参考にしてください。

2 ホームベーカリーがなくてもOK

ホームベーカリーを持っていなくても、「ホームベーカリーで作る編」の食パンを作れるように、参照レシピを記しています。「手ごねで作る編」から、それぞれの食パンにふさわしい製法を選び、各レシピページ内「手でこねて、オーブンで焼く場合」欄に記載しました。ぜひ参照して作ってみてください。レシピによって、イーストの分量を変える場合があるのでご注意ください。

3 食パンの特徴の説明について ✻✻✻

この本に掲載したレシピの中から、好みの食パンを探す手助けとなるように、それぞれの特徴を材料ページの右側に記しています。✻の数は、その持ち味の強さです。食パンの魅力は、材料の配合とこねや発酵の工程によって多彩な味と食感を作り出せること。ふわふわで甘い食パン、さくさくで軽い食パン、それともリッチで濃厚な食パン…？個性あふれる食パンから、お気に入りをみつけてください。

- 小さじ1は5ml、大さじ1は15mlです。
- イーストの小さじ1は3g、小さじ1/3は1g、小さじ1/2は1.5g、小さじ1/4は0.7gです。
- ホームベーカリーのイースト自動投入機能は使用しません。
- ホームベーカリーで焼く場合の焼き色は指定していません。お好みで作ってみてください。
- ホームベーカリーで作るパンは、気温や水温の影響でふくらみ方が変わります。
- パンを出し入れする際のオーブン庫内と天板、型と焼きたてのパンはたいへん高温です。オーブンミトンや2枚以上重ねた軍手を使用し、やけどにご注意ください。

この本でご紹介する 食パンの形

食パンは大きく分類すると、「角食」と「山食」に分かれます。違いは簡単で、食パン型にふたをして焼くと角食、ふたをしなければ山食。ですが、まったく同じ生地で作っても、山食と角食では食感が大きく異なります。

オーブンで焼く
角食パン

正方形の食パン。「プルマン」とも呼ばれます。上ぶたを閉じて焼き上げるため、生地に密度が生まれます。水分の蒸発も抑えられ、しっとりした食感に。大きな気泡がなく、全体が均一な状態。サンドウィッチにも向きます。

オーブンで焼く
山食パン

上部がこんもりとふくらんだ食パン。型にふたをしないで焼くため、オーブンの中で生地が上へと伸び上がり、大きな気泡が生まれます。上の耳部分は薄くパリッと、上部は気泡が豊か、下部はやや詰まって弾力を感じられます。

オーブンで焼く
ミニ食パン

ミニ型に入れて焼く、小さなサイズの山食パン。この本では「ブリオッシュのミニ食パン」（P.64）「米粉のミニ食パン」（P.68）でご紹介しました。クラム（パンの中身）部分が少なくなるので、耳を味わいたいパンにおすすめ。かわいらしい形なので、ギフトにもぴったりです。

ホームベーカリーで焼く
ホームベーカリー食パン

ホームベーカリーの専用ケースに入れて焼き上げる食パン。こねから焼き上げまでをひとつのケースで行うため、独特の形をしています。一部の機種を除き、型にふたは付いていないのが一般的で、通常は山型の食パンになります。縦長で皮部分がやや多い焼き上がりが特徴です。

食パン作りの
基本材料

油脂分

油脂は、食パンに風味づけをすると同時に、パンのふくらみ方と食感にも影響します。この本では、バター、ラード、ショートニング、マスカルポーネチーズなど、レシピによって油脂を使い分けています。バターはすべて、食塩不使用のものを使います。油脂の違いについては、P.17のコラムでもふれていますのでご一読ください。

インスタントドライイースト

生地に直接混ぜ入れる「インスタントドライイースト」が手軽で安定感もあるので、本書ではこれを使用します。イーストは湿気や高温に弱いので、開封後は小分けにして冷蔵庫で保管し、2ヶ月以内に使い切りましょう。すぐに使わないものは密封して冷凍庫で6ヶ月程度保管できます。P.9もお読みください。

パンの基本材料は、意外と少ないもの。小麦粉の種類や糖分、油脂分を変えていくことで、味と仕上がりに変化が生まれます。

水分

日本の水道水（軟水）が基本です。レシピによって、牛乳や生クリーム、豆乳も使います。気を付けたいのは、水分の温度。寒い時期には人肌程度に温めて、暑い季節は冷たくして使用すると、発酵がスムーズです。水温を含めた材料の温度調整（こね上げ温度）については、P.9をご参照ください。

小麦粉

タンパク質を多く含む強力粉と準強力粉を使用します。北海道や九州で作られている国産小麦、北米産の小麦、ドイツ産の古代小麦などをレシピによって使い分けます。小麦粉の解説は、P.126にもあります。

糖分

砂糖、はちみつなどの糖分を生地に加えることで、パンの発酵がうまく進みます。イーストの微生物は糖分を分解しながら発酵します。酵素を含み、糖分と同様の働きをする「モルト」（麦芽エキス）を使用することもあります。

塩

生地に塩味をつけることはもちろん、グルテンを引き締める、発酵が早く進みすぎることを防ぐなど、たくさんの働きをしてくれます。岩塩などではなく、溶けやすい顆粒タイプがおすすめ。本書では「瀬戸のほんじお」焼き塩タイプを使用しています。

こね上げ温度

パンを作ろうと思って材料を並べると、それぞれ違う温度の場合が多いです。季節によっても室温、水温、冷蔵庫の温度は変わります。それを気にせず、おもむろにパンをこね始めても、レシピ通りの時間で発酵しないことがあります。季節にかかわらず、イーストが動きやすい条件で発酵させるためには、粉や水分の温度を調整する必要があるのです。製パン用語には「こね上げ温度」という言葉があり、生地をこねた後の温度を指します。この本では、手ごね編の各レシピの材料の近くにこね上げ温度を記載しています。

この温度は以下の計算式を用います

[3×こね上げ温度]−[室温＋粉の温度]
＝水分の温度

これに当てはめて、材料の水分（水、牛乳、生クリームなど）を温めたり、冷やしたりしてください。

ホームベーカリーの場合は、内蔵のヒーターが生地を温め、発酵に最適な環境を作ってくれます。水温はあまり気にしなくても大丈夫ですが、夏場には、冷水を使うことをおすすめします。

インスタントドライイーストの量と発酵時間

本書で使用するインスタントドライイーストは、生地の糖分がおおよそ24g以内では「saf」赤ラベルを、それ以上糖分を含む場合は「saf」金ラベル（耐糖性）を使用しています。レシピ内に特に記載のない場合は、赤ラベルを使います。

イーストの分量は、小さじ1/4から小さじ1まで。通常のパン作りに比べると、少ない量です。なぜイーストを少なくするかというと、市販のイーストを多く使用すると、どうしても特有のにおいを感じるからです。ですから、イーストを減らして、代わりに発酵時間をゆっくりとる製法を、長年取り入れています。すると、小麦粉や乳製品など、材料それぞれの香りが引き立つ仕上がりになります。

パンによっては、冷蔵庫にひと晩おいて発酵させるものもあります。冷蔵庫内の温度は、おおよそ2〜7℃。低温で長時間発酵することで、小麦粉の芯まで水分が行き渡ってみずみずしくしっとり。さらに熟成が進むことで、うまみのあるパンが出来上がるのです。

ホームベーカリーで焼く場合も、イースト少なめのレシピを多数掲載しています。ホームベーカリーの「天然酵母コース」を選択して、通常より長い時間をかけて焼き上げます。

食パンの種類によっては、イーストの量を小さじ1まで増やして短時間でぐっとふくらませ、いきおいのよいパンに仕上げているものもあります。長時間かけて作り上げるタイプから、短時間でいっきに焼き上げるものまで、この本にはさまざまなレシピを載せました。レシピを見る際には、ぜひイーストの分量と発酵時間を確認してください。おおよそ何時間後に出来上がるのかを想定して、作り始める時間を決めるとよいでしょう。

食パンの型

ホームベーカリーのパンケースや食パンの型は、サイズがさまざまです。写真に近いものを用意していただくと、レシピの再現性が高まります。

ミニ食パン型

「ブリオッシュのミニ食パン」(P.64)、「米粉のミニ食パン」(P.68)で使用。17.5×5×高さ5cmで、通常の1斤の約1/3量です。アルタイト製フッ素樹脂加工のものが扱いやすいです。小さめのパウンドケーキ型でも代用できます。

1斤型

手ごね編の食パンのほとんどを、1斤型で焼きます。家庭のオーブンに入り、少人数でも食べやすい大きさです。本書では、アルタイト製でフッ素樹脂加工(またはシリコン加工)済み、17.5×9×高さ9.5cmのものを使用しました。

市販の1斤型は定型がなく、購入先によって容量やサイズが違います。それにしたがって、最終発酵や焼き時間が異なってくる場合があります。フッ素樹脂加工等をしていない型には、使用前に型用のオイルを塗ってください。

ホームベーカリー型

パナソニック製ホームベーカリーのパンケース(約13.7×11.7×高さ13cm)を使用しました。同じ1斤の生地でも、ホームベーカリー型で焼くと高さが出ます。

Baking Oven and Home Bakery

オーブン

手ごね編の食パンは、すべて食パン型に入れて家庭用のオーブンで焼きます。この本では、ドイツの「Miele（ミーレ）」の電気オーブンを使用しました。家庭用の電気オーブン、ガスオーブンでも、もちろん問題なく焼くことができます。オーブンによって、上火が強い、奥がこげやすいなどの特徴があります。お使いのオーブンのクセを知り、温度と時間を調整しながら焼いてみてください。焼く20〜30分前には、予熱をスタートすることを忘れずに。

ホームベーカリー

ホームベーカリー編の食パンは、すべてパナソニック「SD-MDX101」を使用しました。ケースに材料を入れてスイッチオンするだけの気軽さで、家庭でおいしいパンが食べられます。パンの配合により「食パンコース」（文中では「通常のコース」）または「天然酵母コース」を選んで焼き上げます。牛乳、生クリーム、ヨーグルト、チーズなどの乳製品、卵、いちごなどを使用するレシピでは、食品衛生面からタイマーの使用はひかえてください。

 ### 一次発酵に使用する透明ボウル

手ごねで作るパンの一次発酵の見極めは難しいので、透明のボウルで管理することをおすすめします。透明ボウルに丸めた生地を入れ、ラップまたはシャワーキャップをかぶせて発酵させると、ふくらみがよく見えてわかりやすいのです。

本書ではポリカーボネート製の直径17cm、900mlのボウルを使用。レシピ内では「小ボウル」と呼んでいます。東京・かっぱ橋道具街の浅井商店（tel.03-3841-4154）などで購入できます。

レシピによって、ボウルの7分目から9分目まで、発酵終了時の大きさは違います。

Baking Oven 01 手ごねで作る編

手でこねて、オーブンで焼き上げる、おうちの食パン。
まずはシンプルな食パンの作り方を覚えて、
慣れてきたらシナモンロールやデニッシュ食パンにも挑戦を。
香り、風味、舌触り…。
好みのプレミアム食パンを見つけてください。

オーブンで焼く、プレミアム食パン

masako's premium Home Made Bread

オーブン

春よ恋のもちもちシンプル食パン

甘さひかえめで、ほどよい弾力。毎日食べても飽きない、シンプルな食パンです。
北海道産小麦粉「春よ恋」ならではのもっちり感に、牛乳とバターの風味がからみます。
まずはこのレシピで、食パン作りの基本的な流れと作業を覚えてください。

もちもち
✳︎✳︎✳︎

歯切れのよさ
✳︎✳︎

甘さ
✳︎

材料（1斤型1台分）

強力粉（春よ恋）……… 250 g
インスタントドライイースト……… 小さじ 1/2
きび砂糖……… 8 g
塩……… 4 g
水……… 120 g
牛乳……… 65 g
バター（食塩不使用。1cm角に切り、冷蔵庫に入れておく）
　　　……… 15 g

打ち粉……… 適量

こね上げ温度：26〜27℃

作り方

1 ……［混ぜる］
ボウルに強力粉とイーストを入れ、カードで混ぜ合わせておく。

2 ……［こね］
大ボウルに水と牛乳を入れ、きび砂糖と塩を加える。さらに①を入れる。

カードを使って大きく全体を合わせる。…**a**
粉の大きいかたまりがなくなり水気が見えなくなったら
カードを外し、手でこねる。…**b**
粉気がなくなり、ひとかたまりになったら台に出す。

生地を台にこすりつけるようにして引き伸ばす。数回伸ばしたらカードを使って生地をまとめ、数回引き伸ばしてはまとめる作業を繰り返す。…**c**

ホームベーカリーを使用してこねる場合

1. パンケースに水・牛乳 → 強力粉 ─→ 砂糖・塩 ─→ イーストの順に入れる。
2. こねだけを行うモードを選択し、5分こねる。
3. バターを加え、さらに3分こねる。

2〜3回繰り返したら生地をまとめて90°まわし、方向を変えてこねる。3分ほど続ける。

生地を軽く伸ばして上にバターをおき、包み込む。…**d**
同じように引き伸ばしてはまとめる作業を繰り返して3分こねる。…**e**

生地がなめらかになったら、ひとまとめにし、表面の生地を下に送るようにして表面をぴんと張らせる。下の生地を指先でつまんでとじる。

小ボウルに入れ、ラップ（または新品のシャワーキャップ）をかける。

※発酵に使用するボウルは、透明のものが発酵具合がよく見えて便利です。…P.11 参照

③ ……［一次発酵］
オーブンの発酵機能などを使って、30℃の場所に 50 分おく。

パンチ
カードをボウルの側面に沿わせながらぐるっと一周させ、生地を取り出す。… a
手で軽く押さえて形を整え、四隅を持ち上げて中心で合わせてとじ、丸くしながら表面を整えボウルに戻す。… b

一次発酵の続き
ラップ（またはシャワーキャップ）をかけ30℃で30分おく。ボウルの9分目まで発酵させる。

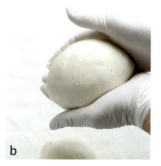

油脂を換えるとどうなるの？

食パンを作るとき、バターなどの固形油（溶かさない状態）を使った方が生地ののびがよくなり、オリーブオイルなどの液状油よりもよくふくらみます。ほかには、どのような特徴があるのでしょうか。「春よ恋のもちもちシンプル食パン」のレシピをベースに、油脂の種類だけを換えて焼く実験をしました。
左から
オリーブオイル：高さが最も低い。オイルの風味が濃い。
ラード：軽くてしっとり。耳がやわらかい。
バター：歯切れがよく、耳までカリッとした仕上がり。
ショートニング：高さはNo.1。皮までふんわり、ソフトな焼き上がり。

春よ恋のもちもちシンプル食パン

④ ……［分割］
キャンバスと生地の表面に打ち粉を軽くふる。カードをボウルの側面に沿わせながらぐるっと一周させ、生地を取り出す。

生地の重量を計って2で割り、カードで2分割する。
※カードで一気に押し切るとよい。カードを動かす前に生地をはがすと生地を傷めない。

軽く押さえて形を整え、丸め直す。下に入れ込むようにして、表面を張らせる。底をつまんでくっつけて、とじる。

⑤ ……［ベンチタイム］
とじ目を下にしてキャンバスにおく。キャンバスとぬれ布巾をかけ、室温で15分おく。

⑥ ……［成形］
キャンバスに打ち粉を軽くふり、とじ目を上にして生地をおく。めん棒で伸ばして15×12cmの縦長の楕円形を2つ作る。…a
生地の縁を手で押さえ、気泡を抜くようにする。生地の左右を1/3ずつ折り、中心で少し重なるようにする。片側を折るごとに重ねた生地のまわりを気泡を抜くように押さえる。…b

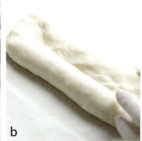

奥から緩まないように巻く。一巻きするごとに生地を押し戻すようにして表面を張らせ、巻き終わりをしっかりととじる。

※ここで張らせながら丸めることで縦方向に生地が伸び、焼き上がりの高さが出る。

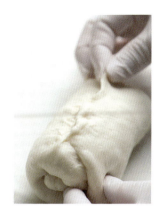

巻き終わりを下にして、左側の生地は「の」の字の向き、右側は反時計回りになるように、…c それぞれ型の両端に入れる。…d

7 ……［最終発酵］

30℃の場所に60分おく。生地のトップが型の9分目くらいになるまで発酵させる。

8 ……［焼成］

180℃に予熱したオーブンに入れ、180℃で30分焼く。

焼き上がったら型から出し、網にのせて冷ます。

春よ恋のもちもちシンプル食パン

オーブン

高加水食パン

皮と耳はパリッと香ばしく、クラムはみずみずしくて気泡たっぷり。バゲットのようなシンプルな味わいです。生地を切って重ねるこね方がポイントです。
このパンのこねは、ホームベーカリーを使用できません。

皮のカリカリ
✻✻✻

クラムの軽さ
✻✻✻

引き
✻

材料（1斤型1台分）

強力粉（ゴールデンヨット）………… 100 g
強力粉（イーグル）………… 125 g
準強力粉（リスドォル）………… 25 g
水 ……… 100 g
牛乳 ……… 110 g
モルト ……… 0.5 g

イースト水
　インスタントドライイースト ………… 小さじ 1/2
　水（約30℃）……… 5 g

塩 ……… 5 g

こね上げ温度：23℃

作り方

1 ……［**材料を計量する**］
ゴールデンヨット、イーグル、リスドォルをボウルに合わせておき、イーストと塩は別にしておく。

2 ……［**混ぜる**］
ボウルに水と牛乳、モルトを入れ、①の粉類を加える。… **a**　カードを使って大きく全体を合わせる。… **b**
粉の大きいかたまりがなくなり水気が見えなくなったらカードでまとめ、ラップ（またはシャワーキャップ）をかける。

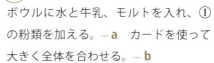

※カードは後で使うのでボウルの中に入れておいて大丈夫。

3 ……［**オートリーズ**］　そのまま室温で15分おく。

オートリーズ

オートリーズとは、生地をこねる前に、小麦粉にあらかじめ水分を吸収させることです。粉類と水分を軽く合わせて室温に15〜30分ほどおくことで、粉の中心部まで水分が浸透します。塩はイーストの後から入れたほうがよいので、オートリーズ時には加えません。

④ ……［こね］

オートリーズが終わったらイーストと水を混ぜ合わせ、すぐにボウルに加える。

カードで生地を半分に切って重ね、軽く押さえてなじませながら切っては重ねる作業を10回繰り返す。…a

塩を加え、…b 同じように切っては重ねる作業をさらに10回繰り返す。

均一になったらまとめて小ボウルに入れ、ラップ（またはシャワーキャップ）をかける。

⑤ ……［一次発酵］

オーブンの発酵機能などを使って、30℃の場所に15分おく。

パンチ 1回目

生地をまとめて持ち上げ、端を手に持って薄く広げるように伸ばす。生地が垂れてきたら生地量の多い部分に持ち替えながら1周させ、まとめてボウルに戻す。ラップ（またはシャワーキャップ）をかける。

一次発酵の続き 30℃の場所に15分おく。

パンチ 2回目

1回目と同様にパンチを入れ、ボウルに戻す。

一次発酵の続き 30℃の場所に15分おく。

パンチ 3回目

1、2回目と同様にパンチを入れ、ボウルに戻す。

一次発酵の続き 30℃の場所に30分おく。

6 ……［分割］

キャンバスと生地の表面に打ち粉を軽くふる。カードをボウルの側面に沿わせながらぐるっと一周させ、生地を取り出す。

生地の重量を計って2で割り、カードで2分割する。

※カードで一気に押し切るとよい。カードを動かす前に生地をはがすと生地を傷めない。

軽く押さえて形を整え、丸め直す。下に入れ込むようにして、表面を張らせる。底をつまんでくっつけて、とじる。

7 ……［ベンチタイム］

とじ目を下にしてキャンバスにおく。キャンバスとぬれ布巾をかけ、室温で15分おく。

8 ……［成形］

とじ目を上にしておき、手で軽く押さえる。四隅を持ち上げて中心で合わせてとじ、丸くしながら表面を整える。やさしく丸め直し、型に入れる。ラップ（またはシャワーキャップ）をかける。

9 ……［最終発酵］

30℃の場所に50分おく。生地のトップが型の9分目くらいになるまで発酵させる。

10 ……［焼成］

210℃に予熱したオーブンに入れ、15分焼く。はじめの7分間はスチームを入れる。

※オーブンにスチーム機能がない場合は、表面にたっぷりと霧を吹く。

その後180℃に下げて20分焼く。焼き上がったら型から出し、網にのせて冷ます。

高加水食パン

オーブン

湯種食パン

パン屋さんでもよく見かける「湯種パン」。
小麦粉と熱湯をよく混ぜ合わせて、でんぷん質をα化した「湯種」を
生地に混ぜ込んで、独特のもっちり感を出しています。

もちもち
※※※

弾力
※※※

甘さ
※※

材料（1斤型1台分）

湯種
- 強力粉（ゆめちからブレンド） ……… 75 g
- 熱湯 ……… 100 g

本ごね
- 強力粉（ゆめちからブレンド） ……… 175 g
- インスタントドライイースト ……… 小さじ 1/2
- 水 ……… 60 g
- 牛乳 ……… 65 g
- きび砂糖 ……… 18 g
- 塩 ……… 5 g
- バター（食塩不使用。1cm角に切り、冷蔵庫に入れておく）……… 12 g

打ち粉 ……… 適量

こね上げ温度：26℃

作り方

1 ……［前日に湯種を作る］

1. 強力粉をボウルに入れ、熱湯を加える（やけどに注意）。…a
2. すぐにゴムべらなどでよくかき混ぜ、全体を均一な状態にする。…b　触れる温度まで冷まし、ラップでぴっちりと包む。
3. 春・夏・秋は冷めてから冷蔵庫の野菜室に入れ、12時間おく。冬は室温で12時間おく。

② ……［混ぜる］

ボウルに強力粉とイーストを入れ、カードで混ぜ合わせておく。

③ ……［こね］

大ボウルに水と牛乳を入れ、湯種を4〜5個にちぎって加える。きび砂糖と塩を加える。

②を加え、カードで全体を大きく混ぜる。粉気がなくなってきたら、手で混ぜる。ひとまとまりになったら台に出す。生地を引き伸ばすようにしながら4分こねる。生地を広げてバターをのせて包み込み、さらに4分こねる。

生地をひとまとめにし、下に送るようにして表面を張らせ、なめらかにする。

ホームベーカリーを使用してこねる場合

1. パンケースに水・牛乳・ちぎった湯種 ⟶ 強力粉 ⟶ 砂糖・塩 ⟶ イーストの順に入れる。
2. こねだけを行うモードを選択し、5分こねる。
3. バターを加え、さらに3分こねる。

下の生地を指先でつまんでとじる。小ボウルに入れる。

④ ……［一次発酵］

ラップ（またはシャワーキャップ）をかけて、オーブンの発酵機能などを使って、30℃の場所に90分おく。ボウルの8分目まで発酵させる。

⑤ ……［分割］

キャンバスと生地に打ち粉を軽くふり、カードで生地を取り出す。

生地の重量を計って3で割り、カードで3分割する。

⑥ ……［ベンチタイム］
それぞれ軽く丸めて、とじ目を下にしてキャンバスにおき、キャンバスとぬれ布巾をかけて、室温で15分おく。

⑦ ……［成形］
キャンバスに打ち粉を軽くふり、とじ目を上にして生地をおく。めん棒でそれぞれを12cm角に伸ばす。

手前からくるくると巻き上げ、巻き終わりをしっかりととじる。とじ目を下にして、U字形に曲げる。

型に生地を互い違いに入れる。先に左右に入れ、最後に中央に生地を入れる。ラップ（またはシャワーキャップ）をかける。

⑧ ……［最終発酵］
30℃の場所に60分おく。生地のトップが型の高さの8分目くらいになるまで発酵させる。

⑨ ……［焼成］
型にふたをして、190℃に予熱したオーブンで30分焼く。

湯種食パン

ふんわり甘口プレミアム食パン

オーブン

耳までやわらかくて、しっとり。中身はふわふわで、甘さもしっかり。
トーストしないで、そのまま食べたい食パンです。
しっかりとこねてから、さらにたたきごねすることで、この食感が生まれます。

甘さ
✳✳✳

耳のやわらかさ
✳✳✳

ふわふわ
✳✳

材料（1斤型1台分）

強力粉（ベルムーラン）……… 250 g
インストドライイースト（金サフ）……… 小さじ1/2
きび砂糖 ……… 32 g
塩 ……… 4 g
水 ……… 155 g
生クリーム（乳脂肪分35〜36%）……… 35 g
発酵バター（食塩不使用。1cm角に切り、冷蔵庫に入れておく）
　……… 15 g

打ち粉 ……… 適量

こね上げ温度：26〜27℃

作り方

① ……[混ぜる]
ボウルに強力粉とイーストを入れ、カードで混ぜ合わせておく。

② ……[こね]
大ボウルに水と生クリームを入れ、きび砂糖と塩を加え、その上に①を入れる。カードを使って大きく全体を合わせる。粉気がなくなったらカードを外し、手で混ぜる。

ひとまとまりになったら台に出す。生地を引き伸ばすようにしながら数回伸ばし、カードを使って生地をまとめる。2〜3回繰り返したら生地をまとめて90°まわし、方向を変えながら5分ほどこねる。

生地を広げてバターをのせて包み込み、さらに5分こねる。バターの粒が見えなくなったら、たたきごねをする。

③ ……［たたきごね］

生地をひとまとめにして端に指をかけて持ち、台にたたき付ける。生地を持った手が台につかないように、生地だけをななめ前方に打ち付けるようにする。

伸びた生地を半分に折り、90°まわして持つ位置を変えて同じようにこねる。位置を変えながら20回ほど続ける。

生地がなめらかになったらひとまとめにし、下に送るようにして表面をなめらかに張らせる。

下の生地を指先でつまんでとじる。小ボウルに入れ、ラップ（またはシャワーキャップ）をかける。

ホームベーカリーを使用してこねる場合

1. パンケースに水・生クリーム ⟶ 強力粉 ⟶ 砂糖・塩 ⟶ イーストの順に入れる。
2. こねだけを行うモードを選択し、7分こねる。
3. バターを加え、さらに5分こねる。

④ ……［一次発酵］

オーブンの発酵機能などを使って、30℃の場所に50分おく。

パンチ
カードをボウルの側面に沿わせながらぐるっと一周させ、生地を取り出す。
手で軽く押さえて形を整え、四隅を持ち上げて中心で合わせてとじ、丸くしながら表面を整えてボウルに戻す。

一次発酵の続き
ラップ（またはシャワーキャップ）をかけ30℃の場所に30分おく。ボウルの9分目まで発酵させる。

⑤ ……［分割］

キャンバスと生地の表面に打ち粉を軽くふる。
カードをボウルの側面に沿わせながらぐるっと一周させ、生地を取り出す。

生地の重量を計って3で割り、カードで3分割する。
軽く押さえて形を整え、四隅を持ち上げて中心で合わせてとじ、丸くしながら表面を整える。やさしく丸め直す。

⑥ ……［ベンチタイム］
とじ目を下にしてキャンバスにおく。キャンバスとぬれ布巾をかけ、室温で15分おく。

⑦ ……［成形］　P.27「湯種食パン」作り方⑦参照
キャンバスに打ち粉を軽くふり、とじ目を上にして生地をおく。

それぞれをめん棒で伸ばして12cm角にする。

※3段階に分けて伸ばすときれいな四角形になる。
生地の中央にめん棒をおき、上下左右に1/3ずつ伸ばす。次に中心から上下左右に2/3ずつめん棒を転がす。最後に中心から生地の端まで上下左右に伸ばす。

手前からくるくると巻き上げ、巻き終わりをしっかりととじる。とじ目を下にし、U字形に曲げる。

型に生地を互い違いに入れる。先に左右に入れ、最後に中央に入れる。ラップ（またはシャワーキャップ）をかける。

⑧ ……［最終発酵］
30℃の場所に80分おく。生地のトップが型の高さの9分目くらいになるまで発酵させる。

⑨ ……［焼成］
ふたをして、180℃に予熱したオーブンに入れる。180℃で10分、170℃に下げてさらに25分焼く。

焼き上がったら型から出し、網にのせて冷ます。

ふんわり甘口プレミアム食パン

オーブン

ゴールデンヨットのホテル食パン

高級ホテルの朝食をイメージして、生地を分割しないで巻くワンローフで作りました。
たっぷりのバターと卵、牛乳入りで、トーストしなくてもさくさく。
ほんのり甘めのリッチなテイストだから、バターもジャムもいりません。

さくさく
※※※

バターの風味
※※※

甘さ
※※

材料（1斤型1台分）

強力粉（ゴールデンヨット）………… 250 g
インスタントドライイースト ………… 小さじ 1/2
水 ……… 80 g
牛乳 ……… 65 g
卵 ……… 50 g（約1個）
はちみつ ……… 6 g
きび砂糖 ……… 15 g
塩 ……… 5 g
発酵バター（食塩不使用。1cm角に切り、冷蔵庫に入れておく）
　　……… 20 g
バタートップ用バター
　発酵バター（食塩不使用。5mm角の棒状に切る）……… 12 g

打ち粉 ……… 適量

こね上げ温度：26 〜 27℃

作り方

1 ……［混ぜる］

ボウルに強力粉とイーストを入れ、カードで混ぜ合わせておく。

2 ……［こね］

大ボウルに水、牛乳、卵を入れて溶きほぐす。はちみつ、きび砂糖、塩、①を加える。

カードで全体を大きく混ぜる。粉気がなくなってきたら、手で混ぜる。ひとまとまりになったら台に出す。生地を引き伸ばすようにしながら4分こねる。

生地を広げてバターをのせて包み込み、さらに4分こねる。

生地をひとまとめにし、下に送るようにして表面を張らせ、なめらかにする。下の生地を指先でつまんでとじる。小ボウルに入れる。

③ ……［一次発酵］

ラップ（またはシャワーキャップ）をかけ、オーブンの発酵機能などを使って、30℃の場所に50分おく。

パンチ

カードをボウルの側面に沿わせながらぐるっと一周させ、生地を取り出す。
手で軽く押さえて形を整え、四隅を持ち上げて中心で合わせてとじ、丸くしながら表面を整えてボウルに戻す。

一次発酵 の続き

ラップ（またはシャワーキャップ）をかけ30℃の場所に30分おく。ボウルの9分目まで発酵させる。

④ ……［ベンチタイム］

とじ目を下にしてキャンバスにおく。キャンバスとぬれ布巾をかけ、室温で15分おく。

⑤ ……［成形］

キャンバスに打ち粉を軽くふり、とじ目を上にして生地をおく。めん棒で上下左右に少しずつ伸ばし、20×16cm程度の長方形にする。…a

奥から緩まないように巻く。…b

一巻きするごとに生地を押し戻すようにして表面を張らせ、巻き終わりをしっかりととじる。とじ目を下にして型に入れる。…c

ホームベーカリーを使用してこねる場合

1. パンケースに水・牛乳・卵・はちみつ ─→ 強力粉 ─→ 砂糖・塩 ─→ イーストの順に入れる。
2. こねだけを行うモードを選択し、7分こねる。
3. バターを加え、さらに5分こねる。

6 ……［最終発酵］

ラップ（またはシャワーキャップ）をかけ、30℃の場所に50分おく。生地のトップが型の9分目くらいになるまで発酵させる。

7 ……［焼成］

生地表面の中央にナイフで1本切り目を入れ、…a
バタートップ用のバターをおく。…b

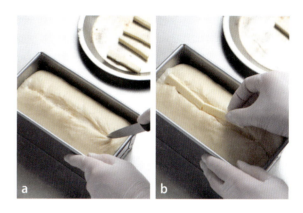

180℃に予熱したオーブンに入れ、180℃で30分焼く。

焼き上がったら型から出し、
網にのせて冷ます。

ゴールデンヨットのホテル食パン

オーブン

ハードトースト

ハード系のパンのように、きめが粗めでさくさく、カリカリの食感がトーストに最適。
「中種」を入れることで、伸びのよい仕上がりになりました。
オーブンの温度を高めに設定して、表面をカリッと香ばしく焼き上げます。

軽さ
✻✻✻

さくさく
✻✻✻

噛みごたえ
✻✻

材料（1斤型1台分）

中種
- 準強力粉（リスドォル） ……… 125 g
- インスタントドライイースト ……… 小さじ 1/4
- 水 ……… 125 g
- モルト ……… 0.5 g

本ごね
- 強力粉（オーション） ……… 125 g
- インスタントドライイースト ……… 小さじ 1/4
- 水 ……… 40 g
- ヨーグルト ……… 30 g
- 塩 ……… 5 g
- ショートニング ……… 6 g

打ち粉 ……… 適量

こね上げ温度：26～27℃

作り方

1 ……［中種を作る］

中種の材料をボウルに入れ、ゴムべらで均一になるまで混ぜる。

ラップ（またはシャワーキャップ）をかけ、30℃で60分おく。

> **中種法**
>
> パン生地作りに使用する小麦粉、イースト、水の一部をあらかじめ混ぜ合わせて発酵させたものを「中種」と呼びます。この「中種」と残りの材料を合わせて「本ごね」を行い、発酵へと進めます。中種法で作ったパンは、やわらかさとボリュームが出ます。

2 ……［混ぜる］

別のボウルに強力粉とイーストを入れ、カードで混ぜ合わせる。

③ ……［こね］

大ボウルに水とヨーグルトを入れ、①の中種を加える。塩、②を順に加える。カードを使って大きく全体を合わせる。

粉気がなくなったらカードを外し、手でこねる。ひとまとまりになったら台に出す。

生地を引き伸ばすようにしながら数回伸ばし、カードを使って生地をまとめる。2〜3回繰り返したら生地をまとめて90°まわし、方向を変えながら4分ほどこねる。

生地を広げてショートニングをのせて包み込み、さらに3分こねる。

ホームベーカリーを使用してこねる場合

1. パンケースに中種の材料を入れ、3分こねる。発酵機能を使い、30℃で60分おく。
2. パンケースに水・ヨーグルト・ちぎった中種 ⟶ 強力粉 ⟶ 塩 ⟶ イーストの順に入れる。
3. こねだけを行うモードを選択し、5分こねる。スイッチを切り5分おき、さらに3分こねる。
4. ショートニングを加え、さらに3分こねる。

生地をひとまとめにし、下に送るようにして表面を張らせ、なめらかにする。下の生地を指先でつまんでとじる。小ボウルに入れる。

④ ……［一次発酵］

ラップ（またはシャワーキャップ）をかけ、オーブンの発酵機能などを使って、30℃の場所に50分おく。

パンチ

カードをボウルの側面に沿わせながらぐるっと一周させ、生地を取り出す。
手で軽く押さえて形を整え、四隅を持ち上げて中心で合わせてとじ、丸くしながら表面を整えてボウルに戻す。

一次発酵の続き

ラップ（またはシャワーキャップ）をかけ30℃の場所に30分おく。ボウルの9分目まで発酵させる。

⑤ ……［分割］
キャンバスと生地の表面に打ち粉を軽くふる。カードをボウルの側面に沿わせながらぐるっと一周させ、生地を取り出す。

生地の重量を計って2で割り、カードで2分割する。

軽く押さえて形を整え、四隅を持ち上げて中心で合わせてとじ、丸くしながら表面を整える。やさしく丸め直す。

⑥ ……［ベンチタイム］
とじ目を下にしてキャンバスにおく。キャンバスとぬれ布巾をかけ、室温で15分おく。

⑦ ……［成形］　P.23「高加水食パン」作り方⑧参照
とじ目を上にしておき、手で軽く押さえる。四隅を持ち上げて中心で合わせてとじ、丸くしながら表面を整える。やさしく丸め直し、型に入れる。

⑧ ……［最終発酵］
28℃の場所に60分おく。生地のトップが型の9分目くらいになるまで発酵させる。

⑨ ……［焼成］
210℃に予熱したオーブンに入れ、28分焼く。はじめの7分間はスチームを入れる。

※オーブンにスチーム機能がない場合は、表面にたっぷりと霧を吹く。

焼き上がったら型から出し、網にのせて冷ます。

ハードトースト

生クリーム食パン

オーブン

しっとり、やわらかくて、噛むほどにコクを感じる食パンです。
北米産の小麦粉「イーグル」を使った、
ふっくら、ボリュームのあるクラムが特徴です。

しっとり
✻✻✻

甘さ
✻✻

弾力
✻✻

材料（1斤型1台分）

- 強力粉（イーグル）………… 250 g
- インスタントドライイースト ………… 小さじ1/2
- 水 ………… 150 g
- 生クリーム（乳脂肪分35〜36%）………… 45 g
- きび砂糖 ………… 20 g
- 塩 ………… 5 g

- 打ち粉 ………… 適量

こね上げ温度：26〜27℃

作り方

1 ……［混ぜる］

ボウルに強力粉とイーストを入れ、カードで混ぜ合わせておく。

2 ……［こね］

大ボウルに水と生クリームを入れ、きび砂糖と塩を加え、その上に①を入れる。

カードを使って大きく全体を合わせる。粉気がなくなったらカードを外し、手で混ぜる。

ひとまとまりになったら台に出す。生地を引き伸ばすようにしながら数回伸ばし、カードを使って生地をまとめる。2〜3回繰り返したら生地をまとめて90°まわし、方向を変えながら8分ほどこねる。

③ ……[**たたきごね**]
続いてたたきごねをする。生地をひとまとめにして端に指をかけて持ち、台にたたき付ける。生地を持った手が台につかないように、生地だけをななめ前方に打ち付けるようにする。

伸びた生地を半分に折り、90°回転して持つ位置を変え、同様にこねる。位置を変えながら20回ほど続ける。

生地がなめらかになったらひとまとめにし、下に送るようにして表面をなめらかに張らせる。下の生地を指先でつまんでとじる。

小ボウルに入れ、ラップ（またはシャワーキャップ）をかける。

🏠 ホームベーカリーを使用してこねる場合

1. パンケースに水・生クリーム ⟶ 強力粉 ⟶ 砂糖・塩 ⟶ イーストの順に入れる。
2. こねだけを行うモードを選択し、10分こねる。

④ ……[**一次発酵**]
オーブンの発酵機能などを使って、30℃の場所に50分おく。

パンチ
カードをボウルの側面に沿わせながらぐるっと一周させ、生地を取り出す。

手で軽く押さえて形を整え、四隅を持ち上げて中心で合わせてとじ、丸め直してボウルに戻す。

一次発酵の続き
ラップ（またはシャワーキャップ）をかけ30℃の場所に30分おく。ボウルの9分目まで発酵させる。

⑤ ……[**分割**]
キャンバスと生地の表面に打ち粉を軽くふる。カードをボウルの側面に沿わせて、生地を取り出す。

生地の重量を計って3で割り、カードで3分割する。

軽く押さえて形を整え、四隅を合わせてとじ、丸くしながら表面を整える。

⑥ ……［ベンチタイム］
とじ目を下にしてキャンバスにおく。キャンバスとぬれ布巾をかけ、室温で15分おく。

⑦ ……［成形］　P.27「湯種食パン」作り方⑦参照
キャンバスに打ち粉を軽くふり、とじ目を上にして生地をおく。

それぞれをめん棒で伸ばして12cm角にする。

※ 3段階に分けて伸ばすときれいな四角形になる。
生地の中央にめん棒をおき、上下左右に1/3ずつ伸ばす。次に中心から上下左右に2/3ずつめん棒を転がす。最後に中心から生地の端まで上下左右に伸ばす。

手前からくるくると巻き上げ、巻き終わりをしっかりととじる。とじ目を下にし、U字形に曲げる。

型に生地を互い違いに入れる。先に左右に入れ、最後に中央に入れる。ラップ（またはシャワーキャップ）をかける。

⑧ ……［最終発酵］
30℃の場所に60分おく。生地のトップが型の8分目くらいになるまで発酵させる。

⑨ ……［焼成］
ふたをして、190℃に予熱したオーブンに入れて30分焼く。焼き上がったら型から出し、網にのせて冷ます。

生クリーム食パン

オーブン

マスカルポーネ食パン

バターの代わりに、マスカルポーネを油脂として加えました。
ミルクの強い味わいがぎゅっと凝縮されたパン。
むっちりとした噛みごたえときめの細かさを楽しめます。

しっとり
※※※

濃厚
※※

弾力
※※

材料（1斤型1台分）

強力粉（イーグル）……… 250 g
インスタントドライイースト（金サフ）……… 小さじ1/2
牛乳 ……… 180 g
はちみつ ……… 12 g
きび砂糖 ……… 12 g
塩 ……… 5 g
マスカルポーネチーズ ……… 40 g

打ち粉……… 適量

こね上げ温度：26～27℃

作り方

① …… [**混ぜる**]
ボウルに強力粉とイーストを入れ、カードで混ぜ合わせておく。

② …… [**こね**]
大ボウルに牛乳とはちみつを入れ、混ぜ溶かす。きび砂糖と塩を加え、その上に①を入れる。カードを使って大きく全体を合わせる。粉気がなくなったら手で混ぜる。

ひとまとまりになったら台に出す。生地を数回引き伸ばし、カードでまとめる。2～3回繰り返したら生地をまとめて90°回転させ、方向を変えながら4分ほどこねる。

生地を広げてマスカルポーネをのせて包み込み、さらに4分こねる。

生地をひとまとめにし、下に送るようにして表面を張らせ、なめらかにする。下の生地を指先でつまんでとじる。

小ボウルに入れ、ラップ（またはシャワーキャップ）をかける。

※ ホームベーカリーを使用してこねる場合
1．パンケースに牛乳・はちみつ ─→ 強力粉 ─→ 砂糖・塩 ─→ イーストの順に入れる。
2．こねだけを行うモードを選択し、5分こねる。
3．マスカルポーネを加え、さらに3分こねる。

③ ……［一次発酵］
オーブンの発酵機能などを使って、30℃の場所に50分おく。

パンチ
カードをボウルの側面に沿わせながらぐるっと一周させ、生地を取り出す。
手で軽く押さえて形を整え、四隅を持ち上げて中心で合わせてとじ、丸め直してボウルに戻す。

一次発酵の続き
ラップ（またはシャワーキャップ）をかけ30℃の場所に30分おく。小ボウルの9分目まで発酵させる。

④ ……［分割］
キャンバスと生地の表面に打ち粉を軽くふる。カードをボウルの側面に沿わせて、生地を取り出す。

生地の重量を計って3で割り、カードで3分割する。

軽く押さえて形を整え、四隅を持ち上げて中心で合わせてとじ、丸くしながら表面を整える。

⑤ ……［ベンチタイム］

とじ目を下にしてキャンバスにおく。キャンバスとぬれ布巾をかけ、室温で15分おく。

⑥ ……［成形］　P.27「湯種食パン」作り方⑦参照

キャンバスに打ち粉を軽くふり、とじ目を上にして生地をおく。

それぞれをめん棒で伸ばして12cm角にする。

※3段階に分けて伸ばすときれいな四角形になる。
生地の中央にめん棒をおき、上下左右に1/3ずつ伸ばす。次に中心から上下左右に2/3ずつめん棒を転がす。最後に中心から生地の端まで上下左右に伸ばす。

手前からくるくると巻き上げ、巻き終わりをしっかりととじる。とじ目を下にし、U字形に曲げる。

型に生地を互い違いに入れる。先に左右に入れ、最後に中央へ入れる。ラップ（またはシャワーキャップ）をかける。

⑦ ……［最終発酵］

30℃の場所に60分おく。生地のトップが型の8分目くらいになるまで発酵させる。

⑧ ……［焼成］

ふたをして、190℃に予熱したオーブンに入れて30分焼く。焼き上がったら型から出し、網にのせて冷ます。

マスカルポーネ食パン

オーブン

はるゆたかの濃厚食パン

はるゆたかは、長い時間発酵させて、うまみをじっくり引き出すのが好きです。
冷蔵庫で低温・長時間発酵することで、小麦粉の芯まで水分が浸透。
うまみとしっとり感、自然な甘みが引き出された食パンです。

しっとり
✳︎✳︎✳︎

うまみ
✳︎✳︎✳︎

さくさく
✳︎✳︎

材料（1斤型1台分）

強力粉（はるゆたか）……… 250 g
インスタントドライイースト ……… 小さじ 1/4
水 ……… 168 g
クリープ ……… 8 g
はちみつ ……… 10 g
塩 ……… 4 g
バター（食塩不使用。1cm角に切り、冷蔵庫に入れておく）
　……… 10 g

打ち粉 ……… 適量

こね上げ温度：26〜27℃

作り方

1 ……［混ぜる］
ボウルに強力粉とイーストを入れ、カードで混ぜ合わせておく。

2 ……［こね］
大ボウルに水、クリープ、はちみつを入れ、混ぜ溶かす。塩を加え、その上に①を入れる。カードを使って大きく全体を合わせる。粉気がなくなったら手で混ぜる。

ひとまとまりになったら台に出す。生地を数回引き伸ばし、カードでまとめる。2〜3回繰り返したら生地をまとめて90°回転させ、方向を変えながら4分ほどこねる。

生地を広げてバターをのせて、さらに4分こねる。生地をひとまとめにし、下に送るようにして表面を張らせ、なめらかにする。下の生地を指先でつまんでとじる。

小ボウルに入れ、ラップ（またはシャワーキャップ）をかける。

ホームベーカリーを使用してこねる場合

1. パンケースに水・クリープ・はちみつ ⟶ 強力粉 ⟶ 塩 ⟶ イーストの順に入れる。
2. こねだけを行うモードを選択し、5分こねる。
3. バターを加え、さらに3分こねる。

③ ……［一次発酵］

オーブンの発酵機能などを使って、30℃の場所に30分おく。

冷蔵発酵
カードを使って生地を取り出し、丸め直して小ボウルに戻す。ラップ（またはシャワーキャップ）をかけ、冷蔵庫に18時間入れる。

一次発酵の続き
冷蔵庫から出し、30℃の場所に60〜90分おき、ボウルの9分目まで発酵させる。

④ ……［分割］

キャンバスと生地の表面に打ち粉を軽くふる。

カードをボウルの側面に沿わせて、生地を取り出す。生地の重量を計って2で割り、カードで2分割する。

軽く押さえて形を整え、四隅を合わせてとじ、丸くしながら表面を整える。やさしく丸め直す。

5 ……［ベンチタイム］

とじ目を下にしてキャンバスにおく。キャンバスとぬれ布巾をかけ、室温で15分おく。

6 ……［成形］

P.18～P.19「春よ恋のシンプルもちもち食パン」作り方⑥参照
キャンバスに打ち粉を軽くふり、とじ目を上にして生地をおく。

めん棒で伸ばして15×12cmの縦長の楕円形を2つ作る。

※生地の縁を手で押さえ、気泡を抜くようにする。

生地の左右を1/3ずつ折り、中心で少し重なるようにする。片側を折るごとに重ねた生地のまわりを気泡を抜くように押さえる。

奥から緩まないように巻く。一巻きするごとに生地を押し戻すようにして表面を張らせ、巻き終わりをしっかりととじる。

巻き終わりを下にして、左側の生地は「の」の字の向き、右側は反時計回りになるように、それぞれ型の両端に入れる。

7 ……［最終発酵］

30℃の場所に60～90分おく。生地のトップが型の9分目になるまで発酵させる。

※冷蔵発酵の生地は発酵に時間がかかる場合があります。

8 ……［焼成］

180℃に予熱したオーブンに入れて30分焼く。焼き上がったら型から出し、網にのせて冷ます。

はるゆたかの濃厚食パン

オーブン

南のめぐみのさくさく食パン

あっさりとした風味で、さくさくとして食べ飽きない。
九州産小麦「南のめぐみ」の特徴を活かしたレシピです。
中種法でボリュームを出して、バランスのよいおいしさが生まれました。

さくさく
✳✳✳

ボリューム
✳✳✳

弾力
✳✳

材料（1斤型1台分）

中種
- 強力粉（南のめぐみ）……… 100 g
- インスタントドライイースト……… 小さじ 1/4
- 水 ……… 60 g

本ごね
- 強力粉（南のめぐみ）……… 150 g
- インスタントドライイースト……… 小さじ 1/4
- 水 ……… 30 g
- 牛乳 ……… 80 g
- コンデンスミルク ……… 12 g
- 塩 ……… 4 g
- バター（食塩不使用。1cm角に切り、冷蔵庫に入れておく）……… 18 g

打ち粉 ……… 適量

こね上げ温度：26〜27℃

作り方

1 ……［中種を作る］

ボウルに中種の材料を入れる。カードで全体をざっと混ぜ合わせ、手で均一になるまでこねる。

ラップ（またはシャワーキャップ）をかけ、30℃の場所に50分おく。

2 ……［混ぜる］

別のボウルに強力粉とイーストを入れ、カードで混ぜ合わせる。

3 ……［こね］

大ボウルに水、牛乳、コンデンスミルクを入れ、①の中種を4〜5個にちぎって加える。塩を加え、その上に②を入れる。

カードを使って大きく全体を合わせる。粉気がなくなったら手で混ぜる。ひとまとまりになったら台に出す。

生地を数回引き伸ばし、カードでまとめる。2〜3回繰り返したら生地をまとめて90°回転させ、方向を変えながら4分ほどこねる。

生地を広げてバターをのせて包み込み、さらに4分こねる。生地をひとまとめにし、下に送るようにして表面を張らせ、なめらかにする。下の生地を指先でつまんでとじる。

小ボウルに入れ、ラップ（またはシャワーキャップ）をかける。

ホームベーカリーを使用してこねる場合

1. パンケースに中種の材料を入れて3分こねる。30℃で50分おく。
2. パンケースに水・牛乳・コンデンスミルク・ちぎった中種 ⟶ 強力粉 ⟶ 塩 ⟶ イーストの順に入れる。
3. こねだけを行うモードを選択し、5分こねる。
4. バターを加え、さらに3分こねる。

4 ……［**一次発酵**］

オーブンの発酵機能などを使って、30℃の場所に50〜60分おく。ボウルの9分目まで発酵させる。

5 ……［**分割**］

キャンバスと生地に打ち粉を軽くふり、カードで生地を取り出す。

生地の重量を計って2で割り、カードで2分割する。軽く押さえて形を整え、四隅を持ち上げて中心で合わせてとじ、丸くしながら表面を整える。

6 ……［**ベンチタイム**］

とじ目を下にしてキャンバスにおく。キャンバスとぬれ布巾をかけ、室温で15分おく。

⑦ ……［成形］

P.18〜P.19「春よ恋のシンプルもちもち食パン」作り方⑥参照

キャンバスに打ち粉を軽くふり、とじ目を上にして生地をおく。

めん棒で伸ばして15×12cmの縦長の楕円型を2つ作る。
※生地の縁を手で押さえ、気泡を抜くようにする。
生地の左右を1/3ずつ折り、中心で少し重なるようにする。片側を折るごとに重ねた生地のまわりを気泡を抜くように押さえる。

奥から緩まないように巻く。一巻きするごとに生地を押し戻すようにして表面を張らせ、巻き終わりをしっかりととじる。

巻き終わりを下にして、左側の生地は「の」の字の向き、右側は反時計回りになるように、それぞれ型の両端に入れる。

⑧ ……［最終発酵］

28℃の場所に50分おく。生地のトップが型の9分目になるまで発酵させる。

⑨ ……［焼成］

180℃に予熱したオーブンに入れて30分焼く。焼き上がったら型から出し、網にのせて冷ます。

南のめぐみのさくさく食パン

オーブン はちみつ食パン

はちみつの香りは強いけれど、甘さは意外とひかえめ。
むぎゅむぎゅとした嚙みごたえが心地よい食パン。
中種法を使ってこね上げたので、特有の弾力があります。

ボリューム
❋❋❋

弾力
❋❋❋

甘さ
❋

材料（1斤型1台分）

中種
- 強力粉（オーション） ……… 100 g
- インストドライイースト ……… 小さじ 1/8
- 水 ……… 60 g
- はちみつ ……… 6 g

本ごね
- 強力粉（ベルムーラン） ……… 150 g
- インストドライイースト ……… 小さじ 1/2
- 水 ……… 110 g
- クリープ ……… 5 g
- はちみつ ……… 15 g
- 塩 ……… 5 g
- バター（食塩不使用。1cm角に切り、冷蔵庫に入れておく） ……… 10 g

打ち粉 ……… 適量

こね上げ温度：26〜27℃

作り方

1 ……［中種を作る］

ボウルに中種の材料を入れる。カードで全体をざっと混ぜ合わせ、手で均一になるまでこねる。

ラップ（またはシャワーキャップ）をかけ、30℃の場所に90分おく。

2 ……［混ぜる］

別のボウルに強力粉とイーストを入れ、カードで混ぜ合わせる。

3 ……［こね］

大ボウルに水、クリープ、はちみつを入れ、混ぜ溶かす。中種を4〜5個にちぎって加える。塩を加え、その上に②を入れる。

カードを使って大きく全体を合わせる。粉気がなくなったら手で混ぜる。ひとまとまりになったら台に出す。

生地を数回引き伸ばし、カードでまとめる。2〜3回繰り返したら生地をまとめて90°回転させ、方向を変えながら4分ほどこねる。

生地を広げてバターをのせて包み込み、さらに4分こねる。生地をひとまとめにし、下に送るようにして表面を張らせ、なめらかにする。下の生地を指先でつまんでとじる。

小ボウルに入れ、ラップ（またはシャワーキャップ）をかける。

ホームベーカリーを使用してこねる場合

1. パンケースに中種の材料を入れて3分こねる。30℃で90分おく。
2. パンケースに水・クリープ・はちみつ・ちぎった中種 ── 強力粉 ── 塩 ── イーストの順に入れる。
3. こねだけを行うモードを選択し、5分こねる。
4. バターを加え、さらに3分こねる。

④ ……［一次発酵］

オーブンの発酵機能などを使って、30℃の場所に50分おく。

パンチ

カードをボウルの側面に沿わせながら生地を取り出す。手で軽く押さえて形を整え、四隅を持ち上げて中心で合わせてとじ、丸め直して小ボウルに戻す。

一次発酵の続き

ラップ（またはシャワーキャップ）をかけ30℃の場所に30分おく。ボウルの9分目まで発酵させる。

⑤ ……［分割］

キャンバスと生地に打ち粉を軽くふり、カードで生地を取り出す。

生地の重量を計って2で割り、カードで2分割する。軽く押さえて形を整え、四隅を持ち上げて中心で合わせてとじ、丸くしながら表面を整える。

⑥ ……［ベンチタイム］

とじ目を下にしてキャンバスにおく。キャンバスとぬれ布巾をかけ、室温で15分おく。

⑦ ……［成形］

P.18〜P.19「春よ恋のシンプルもちもち食パン」作り方⑥参照

キャンバスに打ち粉を軽くふり、とじ目を上にして生地をおく。

めん棒で伸ばして15×12cmの縦長の楕円形を2つ作る。

※生地の縁を手で押さえ、気泡を抜くようにする。

生地の左右を1/3ずつ折り、中心で少し重なるようにする。片側を折るごとに重ねた生地のまわりを気泡を抜くように押さえる。

奥から緩まないように巻く。一巻きするごとに生地を押し戻すようにして表面を張らせ、巻き終わりをしっかりととじる。

巻き終わりを下にして、左側の生地は「の」の字の向き、右側は反時計回りになるように、それぞれ型の両端に入れる。

⑧ ……［最終発酵］

30℃の場所に50分おく。生地のトップが型の9分目になるまで発酵させる。

⑨ ……［焼成］

210℃に予熱したオーブンに入れて28分焼く。はじめの7分間はスチームを入れる。

※スチームがない場合は表面にたっぷりと霧を吹く。

焼き上がったら型から出し、網にのせて冷ます。

はちみつ食パン

オーブン

豆乳食パン

生地の水分に豆乳が入ると、独特の弾力が出ます。
しっかりした耳部分と、しっとりしたクラムのコントラストを楽しむパン。
ワンローフで作ることで、軽さを出しました。

弾力
❋❋❋

しっとり
❋❋

きめ細かさ
❋

材料（1斤型1台分）

湯種
- 強力粉（イーグル）………… 35 g
- 熱湯 ………… 35 g

本ごね
- 強力粉（イーグル）………… 215 g
- インストライイースト ………… 小さじ1/2
- 水 ………… 70 g
- 豆乳 ………… 100 g
- きび砂糖 ………… 15 g
- 塩 ………… 5 g
- バター（食塩不使用。1cm角に切り、冷蔵庫に入れておく）………… 12 g

打ち粉 ………… 適量

こね上げ温度：26〜27℃

作り方

1 ……［前日に湯種を作る］

1. 強力粉をボウルに入れ、熱湯を加える（やけどに注意）。…a
2. すぐにゴムべらなどでよくかき混ぜ、全体を均一な状態にする。…b　触れる温度まで冷まし、ラップでぴっちりと包む。
3. 春・夏・秋は冷めてから冷蔵庫の野菜室に入れ、12時間おく。冬は室温で12時間おく。

② ……［混ぜる］
ボウルに強力粉とイーストを入れ、カードで混ぜ合わせる。

③ ……［こね］
大ボウルに水と豆乳を入れ、湯種を2〜3個にちぎって加える。きび砂糖と塩を加え、その上に②を入れる。

カードを使って大きく全体を合わせる。粉気がなくなったら手で混ぜる。

ひとまとまりになったら台に出す。生地を数回引き伸ばし、カードでまとめる。2〜3回繰り返したら生地をまとめて90°回転させ、方向を変えながら4分ほどこねる。

生地を広げてバターをのせて包み込み、さらに4分こねる。

生地をひとまとめにし、下に送るようにして表面を張らせ、なめらかにする。

下の生地を指先でつまんでとじる。小ボウルに入れ、ラップ（またはシャワーキャップ）をかける。

④ ……［一次発酵］
オーブンの発酵機能などを使って、30℃の場所に70〜80分おく。ボウルの9分目まで発酵させる。

ホームベーカリーを使用してこねる場合

1. パンケースに水・豆乳・ちぎった湯種 ⟶ 強力粉 ⟶ 砂糖・塩 ⟶ イーストの順に入れる。
2. こねだけを行うモードを選択し、4分こねる。
3. バターを加え、さらに3分こねる。

⑤ ……［ベンチタイム］

キャンバスと生地に打ち粉を軽くふり、カードで生地を取り出す。

丸め直し、表面を張らせてとじる。とじ目を下にしてキャンバスにおく。キャンバスとぬれ布巾をかけ、室温で15分おく。

⑥ ……［成形］

P.34「ゴールデンヨットのホテル食パン」作り方⑤参照
キャンバスに打ち粉を軽くふり、とじ目を上にして生地をおく。

めん棒で伸ばして 16 × 20 cm の長方形にする。

※生地の中央にめん棒をおき、上下左右に 1/3 ずつ、次に中心から上下左右に 2/3 ずつ、最後に中心から生地の端まで上下左右に伸ばすと、きれいな四角形になる。

奥側から緩まないように巻く。一巻きするごとに生地を押し戻すようにして表面を張らせ、巻き終わりをしっかりととじる。とじ目を下にして型に入れる。

⑦ ……［最終発酵］

30℃の場所に 60 分おく。生地のトップが型の 9 分目になるまで発酵させる。

⑧ ……［焼成］

180℃に予熱したオーブンに入れて 30 分焼く。焼き上がったら型から出し、網にのせて冷ます。

豆乳食パン

オーブン

ブリオッシュのミニ食パン

バターと卵がたっぷりで、リッチな風味のブリオッシュ。
ミニ食パンの形にすると、リエットなどのお供にぴったり。
翌日以降はフレンチトーストにするのもおすすめです。

皮のさくさく
❋❋❋

ふわふわ
❋❋❋

リッチ度
❋❋❋

材料（長さ18cmのミニ食パン型3個分）

準強力粉（リスドォル）……… 150 g
強力粉（ベルムーラン）……… 100 g
インスタントドライイースト ……… 小さじ1/2
水 ……… 30 g
卵 ……… 150 g（約3個）
きび砂糖 ……… 25 g
塩 ……… 6 g
発酵バター（食塩不使用。5mm角に切り、冷蔵庫に入れておく）
　……… 100 g

溶き卵（仕上げ用）……… 適量
打ち粉 ……… 適量

こね上げ温度：23℃

作り方

① ……［混ぜる］
ボウルに準強力粉、強力粉、イーストを入れ、カードで混ぜ合わせておく。

② ……［こね］
大ボウルに水と卵を入れ、溶きほぐす。きび砂糖、塩を加え、その上に①を入れる。カードを使って大きく全体を合わせる。粉気がなくなったら手で混ぜる。

ひとまとまりになったら台に出す。生地を数回引き伸ばし、カードでまとめる。2〜3回繰り返したら生地をまとめて90°回転させ、方向を変えながら6分ほどこねる。

生地を広げてバターの1/3量をのせて包み込み、さらにこねる。引き伸ばしてはまとめる作業を繰り返してこねる。

バターの粒が見えなくなったら、残りの半量のバターを加えてこねる。なじんだら残りのバターを加えてこねる。5〜6分でバターの全量が入るようにする。

続いてたたきごねをする。生地をひとまとめにして台にたたき付け、伸びた生地を半分に折り、90°まわして持つ位置を変えて同じようにこねる。1分間続ける。

生地をひとまとめにし、下に送るようにして表面を張らせ、なめらかにする。下の生地を指先でつまんでとじる。小ボウルに入れ、ラップ（またはシャワーキャップ）をかける。

③ ……［一次発酵］

オーブンの発酵機能などを使って、30℃の場所に20分おく。

ホームベーカリーを使用してこねる場合

1. パンケースを冷蔵庫で冷やしておく。パンケースに冷たい水・卵 ⟶ 準強力粉・強力粉 ⟶ 砂糖・塩 ⟶ イーストの順に入れる。
2. こねだけを行うモードを選択し、6分こねる。
3. バターを加え、さらに5分こねる。

パンチ

カードをボウルの側面に沿わせながら生地を取り出す。手で軽く押さえて形を整え、四隅を持ち上げて中心で合わせてとじ、丸め直して小ボウルに戻す。

一次発酵の続き

ラップ（またはシャワーキャップ）をかけ、30℃の場所に20分おく。

パンチ 2回目

1回目と同様にパンチを入れ、小ボウルに戻す。

冷蔵発酵

ラップ（またはシャワーキャップ）をかけ、冷蔵庫に12時間入れる。小ボウルの7分目まで発酵させる。

④ ……［分割］

キャンバスと生地に打ち粉を軽くふり、カードで生地を取り出す。生地の重量を計って3で割り、カードで3分割する。

※冷蔵庫から出したての冷たい状態で作業すること。油分の多い生地なので、温度が上がると扱いにくいです。

⑤ ……［ベンチタイム］
それぞれ軽く丸めて、とじ目を下にしてキャンバスにおき、キャンバスとぬれ布巾をかけて、室温で15分おく。

⑥ ……［成形］
キャンバスに打ち粉を軽くふり、とじ目を上にして生地をおく。

めん棒でそれぞれを12×15cm角に伸ばす。…a
奥から巻き上げ、一巻きするごとに生地を押し戻すようにして表面を張らせる。…b
巻き終わりをしっかりととじる。

とじ目を下にして1本ずつ型に入れる。…c
ラップ（またはシャワーキャップ）をかける。

⑦ ……［最終発酵］
28℃の場所に90分おく。生地のトップが型の高さの7分目までふくらんだら終了。

※生地が冷えているので時間がかかります。

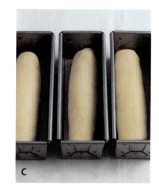

⑧ ……［焼成］
表面に刷毛で溶き卵を塗る。

200℃に予熱したオーブンで23分焼く。焼き上がったら型から出し、網にのせて冷ます。

1斤型で焼く場合

・作り方④で分割せず、⑥で16×22cmに伸ばす。
・最終発酵は28℃の場所に120分おく。
・焼成は200℃のオーブンで32分焼く。

ブリオッシュのミニ食パン

オーブン

米粉のミニ食パン

まるで焼いたおもちみたいな、表面のカリカリとクラムのもちもち。
甘酒をたっぷり加えているので、やさしい風味と甘さがあります。
和風のおかずにも、よく合う食パンです。

もちもち
✳︎✳︎✳︎

皮のカリカリ
✳︎✳︎✳︎

軽さ
✳︎✳︎

材料（長さ18cmのミニ食パン型3個分）

湯種
- 米粉（リ・ファリーヌ）……… 75 g
- 熱湯 ……… 75 g

本ごね
- 強力粉（ゆめちからブレンド）……… 175 g
- インスタントドライイースト……… 小さじ1/2
- 水 ……… 35 g
- 甘酒（麹で作ったストレートタイプ）……… 100 g
- 塩 ……… 5 g
- 米油 ……… 12 g

米粉（仕上げ用）……… 適量
打ち粉 ……… 適量

こね上げ温度：26〜27℃

作り方

1 ……［湯種を作る］　P.25「湯種食パン」参照

米粉をボウルに入れ、熱湯を加える。

※やけどに注意。

すぐにゴムべらでかき混ぜ、全体を均一な状態にする。冷めるまでそのままおく。

2 ……［混ぜる］

別のボウルに強力粉とイーストを入れ、カードで混ぜ合わせる。

3 ……［こね］

大ボウルに水、甘酒、米油を入れ、湯種を4〜5個にちぎって加える。塩を加え、その上に②を入れる。

カードを使って大きく全体を合わせる。粉気がなくなったら手で混ぜる。

ひとまとまりになったら台に出す。生地を数回引き伸ばし、カードでまとめる。2〜3回繰り返したら生地をまとめて90°回転させ、方向を変えながら6分ほどこねる。

生地をひとまとめにし、下に送るようにして表面を張らせ、なめらかにする。

下の生地を指先でつまんでとじる。小ボウルに入れ、ラップ（またはシャワーキャップ）をかける。

4 ……［一次発酵］

オーブンの発酵機能などを使って、30℃の場所に70〜80分おく。ボウルの8分目まで発酵させる。

5 ……［分割］

キャンバスと生地に打ち粉を軽くふり、カードで生地を取り出す。

生地の重量を計って3で割り、カードで3分割する。

6 ……［ベンチタイム］

それぞれ軽く丸めて、とじ目を下にしてキャンバスにおき、キャンバスとぬれ布巾をかけて、室温で15分おく。

Home Bakery ホームベーカリーを使用してこねる場合

1. パンケースに水・甘酒・ちぎった湯種 ⟶ 強力粉 ⟶ 塩・米油 ⟶ イーストの順に入れる。
2. こねだけを行うモードを選択し、6分こねる。

⑦ ……［成形］

キャンバスに打ち粉を軽くふり、とじ目を上にして生地をおく。めん棒でそれぞれを 12 × 15 cm 角に伸ばす。

奥から巻き上げ、一巻きするごとに生地を押し戻すようにして表面を張らせる。巻き終わりをしっかりととじる。

とじ目を下にして1本ずつ型に入れ、ラップ（またはシャワーキャップ）をかける。

⑧ ……［最終発酵］

30℃の場所に 45 分おく。生地のトップが型の高さの8分目になるまで発酵させる。

⑨ ……［焼成］

表面に茶こしで米粉をたっぷりとふる。

180℃に予熱したオーブンで 25 分焼く。焼き上がったら型から出し、網にのせて冷ます。

米粉のミニ食パン

オーブン

シナモンロール食パン

シナモンシュガーをくるくると巻き込んで、ワンローフで仕上げました。
うずまき模様がちょっとユーモラスな食パン。
コーヒーとの相性抜群。朝食にも、おやつにも大活躍です。

弾力
✻✻✻

甘さ
✻✻✻

もちもち
✻✻

材料（1斤型1台分）

強力粉（春よ恋）……… 250 g

インスタントドライイースト（金サフ）……… 小さじ 1/2

牛乳 ……… 200 g

きび砂糖 ……… 25 g

塩 ……… 5 g

バター（食塩不使用。1cm角に切り、冷蔵庫に入れておく）
　……… 20 g

シナモンシュガー
　グラニュー糖 ……… 35 g
　シナモンパウダー ……… 4 g

溶き卵（仕上げ用）……… 適量

打ち粉 ……… 適量

こね上げ温度：26〜27℃

作り方

1 ……［混ぜる］

ボウルに強力粉とイーストを入れ、カードで混ぜ合わせる。

2 ……［こね］

大ボウルに牛乳を入れる。きび砂糖、塩を加え、その上に①を入れる。カードを使って大きく全体を合わせる。粉気がなくなったら手で混ぜる。ひとまとまりになったら台に出す。

生地を数回引き伸ばし、カードでまとめる。2〜3回繰り返したら生地をまとめて90°回転させ、方向を変えながら4分ほどこねる。

生地を広げてバターをのせて包み込み、さらに4分こねる。生地をひとまとめにし、下に送るようにして表面を張らせ、なめらかにする。

下の生地を指先でつまんでとじる。小ボウルに入れ、ラップ（またはシャワーキャップ）をかける。

③ ……［一次発酵］

オーブンの発酵機能などを使って、30℃の場所に90分おく。ボウルの9分目まで発酵させる。

④ ……［ベンチタイム］

キャンバスと生地に打ち粉を軽くふり、カードで生地を取り出す。軽く丸めて、とじ目を下にしてキャンバスにおく。

キャンバスとぬれ布巾をかけ、室温で15分おく。

⑤ ……［成形］

キャンバスに打ち粉を軽くふり、とじ目を上にして生地をおく。

めん棒で伸ばして16×40cmの長方形にする。

※生地の中央にめん棒をおき、上下左右に1/3ずつ、次に中心から上下左右に2/3ずつ、最後に中心から生地の端まで上下左右に伸ばすと、きれいな四角形になる。

下3cm部分を残して、シナモンシュガーを全体にふる。

ホームベーカリーを使用してこねる場合

1. パンケースに牛乳 → 強力粉 → 砂糖・塩 → イーストの順に入れる。
2. こねだけを行うモードを選択し、5分こねる。
3. バターを加え、さらに3分こねる。

奥側から巻き上げる。張らせなくてよいので、緩みがないように巻き、巻き終わりをしっかりととじる。

とじ目を下にして型に入れ、ラップ（またはシャワーキャップ）をかける。

⑥ ……［最終発酵］
30℃の場所に50分おく。生地のトップが型の9分目くらいになるまで発酵させる。

⑦ ……［焼成］
表面に刷毛で溶き卵を塗る。

190℃に予熱したオーブンで30分焼く。焼き上がったら型から出し、網にのせて冷ます。

シナモンロール食パン

オーブン

デニッシュ食パン

パン生地に板状のバターを包み込み、伸ばして三つ折りにすることで、バターの層を作り、焼き上げるデニッシュ。食パン型に入れて焼くと密度が高くなり、より濃厚な風味を味わうことができます。

a　　　　　　b

さくさく
✽✽✽

バターの香り
✽✽✽

濃厚さ
✽✽✽

材料（1斤型1台分）

強力粉（イーグル）……… 150 g

準強力粉（リスドォル）……… 100 g

インスタントドライイースト（金サフ）……… 小さじ1/2

水 ……… 90 g、牛乳 ……… 45 g

溶き卵 ……… 35 g、きび砂糖 ……… 25 g

塩 ……… 5 g

バター（食塩不使用。1cm角に切り、冷蔵庫に入れておく）
　　……… 12.5 g

折り込み用シートバター

　バター（食塩不使用）……… 100 g

　小麦粉（強力粉または準強力粉）……… 適量

打ち粉 ……… 適量

こね上げ温度：26～27℃

作り方

1　……［折り込み用シートバターを作る］

1. バターをひとかたまりに切り分ける（1回で切り出した方が使いやすいので、多少の誤差があってもよい）。
2. ラップを2重に重ね、軽く小麦粉をふってバターをおく。…**a**　上から小麦粉をふってラップを2重にかける。…**b**
3. ラップの上からめん棒でたたく。90°回転させながらたたいて、四角く伸ばす。
4. ラップを15cm角にたたむ。
5. 中心から角に向かってめん棒を転がし、角までバターが行き渡るようにし、均一な厚さの正方形にする。…**c**
6. 1時間以上冷蔵庫で冷やす。使うまで冷蔵庫に入れておく。

c

② ……［混ぜる］
ボウルに強力粉、準強力粉、イーストを入れ、カードで混ぜ合わせる。

③ ……［こね］
大ボウルに水、牛乳、溶き卵を入れて混ぜ合わせる。きび砂糖、塩を加え、その上に②を入れる。カードを使って大きく全体を合わせる。粉気がなくなったら手で混ぜる。

ひとまとまりになったら台に出す。生地を数回引き伸ばし、カードでまとめる。2～3回繰り返したら生地をまとめて90°回転させ、方向を変えながら4分ほどこねる。

生地を広げてバターをのせて包み込み、さらに4分こねる。生地をひとまとめにし、下に送るようにして表面を張らせ、なめらかにする。下の生地を指先でつまんでとじる。

Home Bakery
ホームベーカリーを使用してこねる場合

1. パンケースに水・牛乳・卵 ⟶ 強力粉・準強力粉 ⟶ 砂糖・塩 ⟶ イーストの順に入れる。
2. こねだけを行うモードを選択し、5分こねる。
3. バターを加え、さらに3分こねる。

小ボウルに入れ、ラップ（またはシャワーキャップ）をかける。

④ ……［一次発酵］
オーブンの発酵機能などを使って、30℃の場所に50分おく。ボウルの7分目まで発酵させる。

⑤ ……［伸ばす］
台に打ち粉をふり、カードを使ってボウルから生地を取り出す。四隅を持ち上げて丸くまとめてとじ、とじ目を下におく。

めん棒で18cm角に伸ばす。

※生地の中央にめん棒をおき、上下左右に1/3ずつ、次に中心から上下左右に2/3ずつ、最後に中心から生地の端まで上下左右に伸ばすときれいな四角形になる。

ラップで包み、冷蔵庫で60分冷やす。

6 ……［折り込み］

1. キャンバスに⑤の生地をおき、めん棒で①のシートバターがのるくらいの正方形に伸ばす。
2. シートバターをラップをかけたまま45°ずらしておいたときに、角が少しはみ出るくらいの大きさにする。
3. シートバターに沿ってカードで軽くガイド線を入れておく。…a
4. 一旦バターを外して、ガイド線の外側の三角形の部分をめん棒で伸ばす。…b

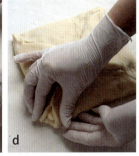

5. シートバターのラップを下側だけ外して生地におき、上側も外す。三角の部分を折り上げてシートバターを包み込み、つなぎ目をしっかりととじる。…c　角の部分もしっかりととじる。…d
6. 生地の上下をめん棒で押さえる。…e
7. 中央から上下に向かってめん棒で押さえて密着させる。転がさずに押しつけて、縦長に伸ばす。…f

デニッシュ食パン

8. 伸びにくくなったらめん棒を上下に転がしていく。空気が溜まっていたら竹串で穴をあけて空気を抜きつつ伸ばす。20×50cmにする。…g

※横方向に伸ばさなくても自然に伸びます。長さが50cmになっても横幅が足りなかったら最後に調整しましょう。

9. 生地を上下の順に1/3ずつ折って三つ折りにする。…h
10. 4辺と対角線上をめん棒で押さえる。…i
11. 90°回転させて裏返し、中心から上下に向かってめん棒で押さえる。伸びにくくなったらめん棒を転がし、15×50cmに伸ばす。…j　ここでも空気を見つけたら竹串で抜く。
12. 上下を1/3ずつ折って三つ折りにする。…k
    4辺と対角線上をめん棒で押さえる。…l

⑦ ラップに包んで冷蔵庫で30分休ませる。

⑧ ……［成形］

1. 生地のワが左になるようにおき、…**a** めん棒で18×34cmに伸ばす。…**b**

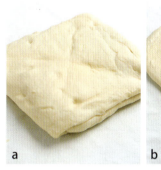

2. カードで縦に6等分のガイド線を入れる。…**c**
3. 包丁で縦に半分に切る。それぞれのガイド線は、向こう側2cmを残して切る。…**d**

4. それぞれを三つ編みにする。…**e** 生地の両端が下になるように軽く丸めて型に入れる。…**f**
5. 型に入れるときは三つ編みの向きを同じにする。…**g**

⑨ ……［最終発酵］

28℃の場所に60分おく。生地のトップが型の8分目くらいになるまで発酵させる。

⑩ ……［焼成］

ふたをして、200℃に予熱したオーブンで30分焼く。焼き上がったら型から出し、網にのせて冷ます。

デニッシュ食パン

抹茶大納言デニッシュ食パン

チョコデニッシュ食パン

オーブン

抹茶大納言デニッシュ食パン

バターたっぷりのデニッシュ生地に、さらに抹茶あんを塗って折り込み、大納言と一緒に焼き上げました。ほどよい甘さと抹茶の香り。翌日でも、しっとり食感を味わえます。

材料（1斤型1台分）

強力粉（イーグル）……… 150 g
準強力粉（リスドォル）……… 100 g
インスタントドライイースト（金サフ）……… 小さじ 1/2
水 ……… 90 g、牛乳 ……… 45 g
溶き卵 ……… 35 g、きび砂糖 ……… 25 g
塩 ……… 5 g
バター（食塩不使用。1cm角に切り、冷蔵庫に入れておく）
　　……… 12.5 g

　　折り込み用シートバター
　　　バター（食塩不使用）……… 75 g
　　　小麦粉（強力粉または準強力粉）……… 適量

　　抹茶あん（混ぜ合わせておく）
　　　白あん ……… 100 g、抹茶 ……… 5 g
　　　水 ……… 5〜10 g ※塗りやすい固さに調整する。

大納言甘納豆 ……… 50 g
溶き卵（仕上げ用）……… 適量
打ち粉 ……… 適量

作り方

1 ……［折り込み用シートバターを作る］
P.77「デニッシュ食パン」作り方①参照

2 ……［混ぜる］ P.78「デニッシュ食パン」作り方②参照

3 ……［こね］ P.78「デニッシュ食パン」作り方③参照

※ホームベーカリーでこねることもできます。…… P.78 参照

4 ……［一次発酵］
オーブンの発酵機能などを使って、30℃の場所に50分おく。ボウルの7分目まで発酵させる。

5 ……［伸ばす］ P.78「デニッシュ食パン」作り方⑤参照

こね上げ温度：26〜27℃

⑥ ……［折り込み］

P.79～P.80「デニッシュ食パン」作り方⑥1.～9.参照
※三つ折りは1回のみ

⑦ ラップに包んで冷蔵庫で30分休ませる。

⑧ ……［成形］

1. 生地のワが左になるようにおき、打ち粉をふってめん棒で18×34cmに伸ばす。両サイドを1cmずつ残し、生地の手前2/3に抹茶あんを塗る。…**a**
2. 抹茶あんの上に大納言甘納豆を散らす。…**b**
3. 奥側の生地を手前に1/3折り、さらに手前に1/3折って三つ折りにする。…**c**
4. 90°回転してワが左にくるようにおき、めん棒で15×28cmに伸ばす。
5. カードで縦に3等分のガイド線を入れ、向こう側2cmを残して包丁で切る。…**d**

6. 三つ編みをする。…**e** 生地を立てて切り口が上を向いた状態で三つ編みをすると焼き上がりがきれいになる。…**f**
7. 両端を軽く折り込むようにして下に入れながら型に入れる。…**g**

⑨ ……［最終発酵］

28℃の場所に60分おく。生地のトップが型の8分目くらいになるまで発酵させる。

⑩ ……［焼成］

切り口を避けながら、生地表面に溶き卵を塗る。190℃に予熱したオーブンで15分焼き、180℃に下げて15分焼く。焼き上がったら型から出し、網にのせて冷ます。

バターの香り
❋❋❋

しっとり
❋❋❋

甘さ
❋❋

a　b　c　d　e　f

チョコデニッシュ食パン

オーブン

きれいなマーブル模様で、甘さはひかえめな大人のチョコデニッシュ。
折り込み用のチョコシートには小麦粉を使わず、あえてリッチにチョコレートとバターのみ。
チョコレートのシートは生地の中でほとんど伸びないので、折れやすいです。
この本の中で、最も難しいレシピかも知れません…。ぜひ、がんばって作ってみてください。

材料（1斤型1台分）

強力粉（イーグル） ……… 150 g
準強力粉（リスドォル） ……… 100 g
インスタントドライイースト（金サフ）……… 小さじ 1/2
水 ……… 90 g、牛乳 ……… 45 g
溶き卵 ……… 35 g、きび砂糖 ……… 25 g
塩 ……… 5 g
バター（食塩不使用。1cm角に切り、冷蔵庫に入れておく）
　　……… 12.5 g

打ち粉 ……… 適量

チョコシート
　バター（食塩不使用。室温に戻す）……… 75 g
　製菓用チョコレート（ビター）……… 50 g
　小麦粉（強力粉または準強力粉）……… 適量

作り方

1 ……［折り込み用チョコシートを作る］

1. チョコレートを湯せんで溶かし、バターを加えてクリーム状になるまで混ぜる。
   ※バターが溶けないように注意。
2. 2枚重ねたラップの上におく。上から小麦粉をふってラップを2重にかける。
3. ラップを15cm角にたたみ、中心から角に向かってめん棒を転がし、角までバターが行き渡るようにし、均一な厚みの正方形にする。
4. 冷蔵庫で冷やし固める。使う直前まで冷蔵庫に入れておく。

こね上げ温度：26～27℃

しっとり
✳✳✳

皮のさくさく
✳✳✳

甘さ
✳

② ……［混ぜる］
ボウルに強力粉とイーストを入れ、カードで混ぜ合わせる。

③ ……［こね］　P.78「デニッシュ食パン」作り方③参照

※ホームベーカリーでこねることもできます。…… P.78 参照

④ ……［一次発酵］
オーブンの発酵機能などを使って、30℃の場所に 50 分おく。ボウルの 7 分目まで発酵させる。

⑤ ……［伸ばす］　P.78「デニッシュ食パン」作り方⑤参照

⑥ ……［折り込み］
P.79 〜 P.80「デニッシュ食パン」作り方⑥参照
シートバターの代わりにチョコシートを使い、同様に折り込んでいく。

⑦ ラップに包んで冷蔵庫で 30 分休ませる。

⑧ ……［成形］　P.81「デニッシュ食パン」作り方⑧参照

⑨ ……［最終発酵］
P.81「デニッシュ食パン」作り方⑨参照
28℃の場所に 60 分おく。

⑩ ……［焼成］　P.81「デニッシュ食パン」作り方⑩参照
ふたをして、200℃に予熱したオーブンで 30 分焼く。焼き上がったら型から出し、網にのせて冷ます。

2 ホームベーカリーで作る編

Home Bakery

計量して、ケースに入れて、スイッチオン。
毎日の頼れる相棒、ホームベーカリー。
こねや発酵、焼き上げの過程に、オーブンと異なるクセがあるので、
その特徴に合わせたレシピをご紹介します。
ふんわり甘いタイプ、ざくざくタイプ、しっとりタイプ…。
いろいろな味を作ってみてください。

ホームベーカリーで焼く、プレミアム食パン

masako's premium Home Made Bread

ホームベーカリー

ふわふわプレミアム食パン

クラムはしっとり、ふわふわ。噛むほどに、甘みがしみ出す。
耳はホームベーカリーらしい、さくさくの焼き上がり。
トーストしないで食べたい、しなやかで甘さの強い食パンです。

甘さ
★★★

皮のさくさく
★★★

しっとり
★★★

材料（1斤型1台分）

強力粉（ベルムーラン）……… 250 g
インスタントドライイースト（金サフ）……… 小さじ1/3
水 ……… 150 g
生クリーム（乳脂肪分35〜36%）……… 50 g
きび砂糖 ……… 35 g
塩 ……… 4 g
バター（食塩不使用）……… 10 g

作り方

① 材料を計量する。

② パンケースに羽根をセットする。パンケースに水と生クリームを入れ、強力粉を入れる。その上にきび砂糖、塩、イースト、バターをおく。

※塩とイーストが触れないように離しておくこと。

③ 天然酵母コースを選択し、スタートさせる。

※天然酵母コースがない場合はイーストを小さじ1にしてください。
※時間をかけずに通常のコースで焼きたい場合もイーストを小さじ1にしてください。

④ 焼き上がったら、すぐにパンケースから取り出す。

⑤ 網において粗熱をとる。

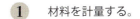

手でこねて、オーブンで焼く場合

1. イーストの分量を小さじ1/2にする。強力粉と混ぜ合わせる。
2. ボウルに水・生クリーム → 砂糖・塩 → 1. の順に入れてカードで混ぜる。
3. P.29〜P.31「ふんわり甘口プレミアム食パン」を参照し、同様に作る。

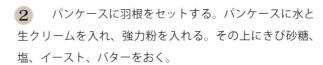

ホームベーカリー

さっくりイギリス食パン

朝のトーストにぴったりなレシピです。きめはちょっと粗めで、トーストするとザクザクと心地いい噛みごたえ。
甘くなくて、ほどよい弾力と引きがあり、合わせるおかずを選びません。

さくさく
✳✳✳

引き
✳✳

甘さ
✳

材料（1斤型1台分）

強力粉（ゆめちからブレンド）………… 200 g
強力粉（オーション）………… 50 g
インスタントドライイースト………… 小さじ1/4
水 ……… 130 g
牛乳 ……… 70 g
モルト ……… 0.5 g
きび砂糖 ……… 12 g
塩 ……… 4 g

作り方

1. 材料を計量する。

2. パンケースに羽根をセットする。パンケースに水、牛乳、モルトを入れ、強力粉を入れる。その上にきび砂糖、塩、イーストをおく。

※塩とイーストが触れないように離しておくこと。

3. 天然酵母コースを選択し、スタートさせる。

※天然酵母コースがない場合はイーストを小さじ1にしてください。
※時間をかけずに通常のコースで焼きたい場合もイーストを小さじ1にしてください。

4. 焼き上がったら、すぐにパンケースから取り出す。

5. 網において粗熱をとる。

手でこねて、オーブンで焼く場合

1. 強力粉とイーストを混ぜ合わせる。
2. ボウルに水・牛乳・モルト→砂糖・塩→1.の順に入れてカードで混ぜ、台に出して7分ほどこねる。丸めてとじて小ボウルに入れる。
3. P.38〜P.39「ハードトースト」の作り方④〜⑨を参照し、同様に作る。

ホームベーカリー エアリー食パン

ふわふわで空気たっぷりだから"エアリー食パン"
大小の気泡が入って、高さが出る食パンです。
耳までやわらかいので、小さいお子さんにもよろこばれそう。

耳のやわらかさ
✻✻✻

もちもち
✻✻

甘さ
✻

材料（1斤型1台分）

強力粉（ゴールデンヨット）………… 250 g
インスタントドライイースト………… 小さじ 1/4
水 ……… 95 g
牛乳 ……… 110 g
モルト ……… 0.5 g
きび砂糖 ……… 12 g
塩 ……… 4 g
ラード ……… 10 g

作り方

1. 材料を計量する。

2. パンケースに羽根をセットする。パンケースに水、牛乳、モルトを入れ、強力粉を入れる。その上にきび砂糖、塩、イースト、ラードをおく。
※塩とイーストが触れないように離しておくこと。

3. 天然酵母コースを選択し、スタートさせる。
※天然酵母コースがない場合はイーストを小さじ1にしてください。
※時間をかけずに通常のコースで焼きたい場合もイーストを小さじ1にしてください。

4. 焼き上がったら、すぐにパンケースから取り出す。

5. 網において粗熱をとる。

手でこねて、オーブンで焼く場合

1. イーストの分量を小さじ1/2にする。強力粉とイーストを混ぜ合わせる。
2. ボウルに水・牛乳・モルト⟶砂糖・塩⟶1.の順に入れる。P.16「春よ恋のもちもちシンプル食パン」を参照し、こねる。
※バターを入れる工程で、ラードを加えてこねる。
3. P.38〜P.39「ハードトースト」の作り方④〜⑨を参照し、同様に作る。

ホームベーカリー

しっとり生クリーム食パン

少し触っただけで、つぶれてしまいそうなほどやわらか。
ふんわり甘くて、耳までしっとり。
おやつに食べたい、生クリームの風味豊かなパンです。

甘さ
✻✻✻

やわらかさ
✻✻✻

しっとり
✻✻✻

材料（1斤型1台分）

強力粉（イーグル）………… 250 g
インスタントドライイースト（金サフ）………… 小さじ 1/3
水 ………… 150 g
生クリーム（乳脂肪分 35〜36%）………… 40 g
きび砂糖 ………… 25 g
塩 ………… 5 g

作り方

1　材料を計量する。

2　パンケースに羽根をセットする。パンケースに水と生クリームを入れ、強力粉を入れる。その上にきび砂糖、塩、イーストをおく。

※塩とイーストが触れないように離しておくこと。

3　天然酵母コースを選択し、スタートさせる。

※天然酵母コースがない場合はイーストを小さじ1にしてください。
※時間をかけずに通常のコースで焼きたい場合もイーストを小さじ1にしてください。

4　焼き上がったら、すぐにパンケースから取り出す。

5　網において粗熱をとる。

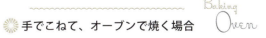

手でこねて、オーブンで焼く場合

1. イーストの分量を小さじ1/2にする。強力粉と混ぜ合わせる。
2. ボウルに水・生クリーム→砂糖・塩→1．の順に入れてカードで混ぜる。
3. P.41〜P.43「生クリーム食パン」を参照し、同様に作る。

ホームベーカリー

なめらかホテルブレッド

きめが細かく、なめらかな口溶けで、
高級感あふれる食パンです。マスカルポーネチーズの
濃厚なコクが感じられて、噛むほどに味わいが深まります。

コク
✳︎✳︎✳︎

甘さ
✳︎✳︎

もちもち
✳︎✳︎

材料（1斤型1台分）

強力粉（ベルムーラン）……… 250 g
インスタントドライイースト（金サフ）……… 小さじ 1/3
水 ……… 100 g
牛乳 ……… 70 g
はちみつ ……… 12 g
きび砂糖 ……… 12 g
塩 ……… 5 g
マスカルポーネチーズ ……… 20 g
発酵バター（食塩不使用）……… 15 g

手でこねて、オーブンで焼く場合

1. イーストの分量を小さじ 1/2 にする。強力粉と混ぜ合わせる。
2. ボウルに水・牛乳・はちみつ→砂糖・塩→1．の順に入れてカードで混ぜる。
3. P.45 〜 P.47「マスカルポーネ食パン」を参照し、同様に作る。
   ※マスカルポーネを加えるときに、バターも加えてこねる。

作り方

1. 材料を計量する。

2. パンケースに羽根をセットする。パンケースに水、牛乳、はちみつを入れ、強力粉を入れる。その上にきび砂糖、塩、イースト、マスカルポーネ、バターをおく。

※塩とイーストが触れないように離しておくこと。

3. 天然酵母コースを選択し、スタートさせる。

※天然酵母コースがない場合はイーストを小さじ1にしてください。
※時間をかけずに通常のコースで焼きたい場合もイーストを小さじ1にしてください。

4. 焼き上がったら、すぐにパンケースから取り出す。

5. 網において粗熱をとる。

ホームベーカリー もちもち食パン

北海道産小麦粉「春よ恋」を使って、特有のもちもち食感を出しました。
シンプルな配合ですが、香り豊かで小麦粉の味を
しっかりと感じられます。

もちもち ✶✶✶

しっとり ✶✶

味の濃さ ✶✶

材料（1斤型1台分）

- 強力粉（春よ恋）……… 250 g
- インスタントドライイースト ……… 小さじ1/4
- 水 ……… 100 g
- 牛乳 ……… 80 g
- きび砂糖 ……… 15 g
- 塩 ……… 5 g
- バター（食塩不使用）……… 12 g

作り方

1. 材料を計量する。

2. パンケースに羽根をセットする。パンケースに水と牛乳を入れ、強力粉を入れる。その上にきび砂糖、塩、イースト、バターをおく。

※塩とイーストが触れないように離しておくこと。

3. 天然酵母コースを選択し、スタートさせる。

※天然酵母コースがない場合はイーストを小さじ1にしてください。
※時間をかけずに通常のコースで焼きたい場合もイーストを小さじ1にしてください。

4. 焼き上がったら、すぐにパンケースから取り出す。

5. 網において粗熱をとる。

手でこねて、オーブンで焼く場合

1. イーストの分量を小さじ1/2にする。強力粉と混ぜ合わせる。
2. ボウルに水・牛乳→砂糖・塩→1.の順に入れてカードで混ぜる。
3. P.16～P.19「春よ恋のもちもちシンプル食パン」を参照し、同様に作る。

ホームベーカリー

古代小麦食パン

現代の小麦の原種といわれる「スペルト小麦」を使った食パン。
重くてどっしりとした食感、ナッツのような強い風味があり、
ワインやチーズと一緒に楽しめます。

力強さ
✳✳✳

味の濃さ
✳✳✳

皮のパリパリ
✳✳

材料（1斤型1台分）

強力粉（スペルト小麦）……… 250 g
インスタントドライイースト……… 小さじ 1/3
水 ……… 165 g
きび砂糖 ……… 18 g
塩 ……… 4 g
ラード ……… 10 g

作り方

① 材料を計量する。

② パンケースに羽根をセットする。パンケースに水を入れ、強力粉を入れる。その上にきび砂糖、塩、イースト、ラードをおく。

※塩とイーストが触れないように離しておくこと。

③ 天然酵母コースを選択し、スタートさせる。

※天然酵母コースがない場合はイーストを小さじ1にしてください。
※時間をかけずに通常のコースで焼きたい場合もイーストを小さじ1にしてください。

④ 焼き上がったら、すぐにパンケースから取り出す。

⑤ 網において粗熱をとる。

手でこねて、オーブンで焼く場合

1. イーストの分量を小さじ1/2にする。強力粉と混ぜ合わせる。
2. ボウルに水 → 砂糖・塩 → 1. の順に入れてカードで混ぜる。
3. P.16 〜 P.19「春よ恋のもちもちシンプル食パン」を参照し、同様に作る。

※バターを入れる工程で、ラードを加えてこねる。

ホームベーカリー 贅沢食パン

この食パンに使った小麦粉は、北海道産の「はるゆたか」。
ふんわり、もっちり食感と、しっとりした焼き上がりが特徴です。
発酵バターに生クリーム、リッチな素材をふんだんに使って、贅沢な風味に仕上げました。

ねっちり
✳✳✳

耳のやわらかさ
✳✳

乳製品の香り
✳✳

材料（1斤型1台分）

- 強力粉（はるゆたか）……… 250 g
- インスタントドライイースト（金サフ）……… 小さじ1
- 水 ……… 130 g
- 生クリーム ……… 35 g
- 卵黄 ……… 20 g
- はちみつ ……… 12 g
- きび砂糖 ……… 12 g
- 塩 ……… 5 g
- 発酵バター（食塩不使用）……… 15 g

作り方

1. 材料を計量する。
2. パンケースに羽根をセットする。パンケースに水、生クリーム、卵黄、はちみつを入れ、強力粉を入れる。その上にきび砂糖、塩、イースト、発酵バターをおく。

※塩とイーストが触れないように離しておくこと。

3. 通常のコースを選択し、スタートさせる。
4. 焼き上がったら、すぐにパンケースから取り出す。
5. 網において粗熱をとる。

手でこねて、オーブンで焼く場合

1. イーストの分量を小さじ1/2にする。強力粉と混ぜ合わせる。
2. ボウルに水・生クリーム・卵黄・はちみつ→砂糖・塩→1.の順に入れてカードで混ぜる。
3. P.29〜P.31「ふんわり甘口プレミアム食パン」を参照し、同様に作る。

ホームベーカリー **パンオレ**

ミルクがたっぷりだから、パンオレ。
生地内の水分すべてを牛乳にして、焼き上げました。
やわらかな口あたりと、しっとり感を楽しんでください。

やわらかさ
✳︎✳︎✳︎

きめの細かさ
✳︎✳︎✳︎

甘さ
✳︎✳︎

材料（1斤型1台分）

強力粉（ゆめちからブレンド）……… 250 g
インスタントドライイースト……… 小さじ 1/4
牛乳 ……… 210 g
きび砂糖 ……… 20 g
塩 ……… 5 g
バター（食塩不使用）……… 10 g

作り方

1. 材料を計量する。

2. パンケースに羽根をセットする。パンケースに牛乳を入れ、強力粉を入れる。その上にきび砂糖、塩、イースト、バターをおく。

※塩とイーストが触れないように離しておくこと。

3. 天然酵母コースを選択し、スタートさせる。

※天然酵母コースがない場合はイーストを小さじ1にしてください。
※時間をかけずに通常のコースで焼きたい場合もイーストを小さじ1にしてください。

4. 焼き上がったら、すぐにパンケースから取り出す。

5. 網において粗熱をとる。

手でこねて、オーブンで焼く場合 *Baking Oven*

1. イーストの分量を小さじ1/2にする。強力粉と混ぜ合わせる。
2. ボウルに牛乳 → 砂糖・塩 → 1. の順に入れてカードで混ぜる。
3. P.45〜P.47「マスカルポーネ食パン」を参照し、同様に作る。
   ※マスカルポーネを入れる工程で、バターを加えてこねる。

ホームベーカリー **ヨーグルト食パン**

ほのかな酸味が感じられる、爽やかなパン。
適度な弾力があり、甘さはひかえめ。
シンプルなバタートーストにして、味わいたい。

引き
※※※

酸味
※※

甘さ
※

材料（1斤型1台分）

強力粉（イーグル）……… 250 g
インスタントドライイースト……… 小さじ 1/4
水 ……… 140 g
プレーンヨーグルト ……… 50 g
はちみつ ……… 15 g
塩 ……… 5 g
バター（食塩不使用）……… 10 g

作り方

1. 材料を計量する。

2. パンケースに羽根をセットする。パンケースに水、プレーンヨーグルト、はちみつを入れ、強力粉を入れる。その上に塩、イースト、バターをおく。

※塩とイーストが触れないように離しておくこと。

3. 天然酵母コースを選択し、スタートさせる。

※天然酵母コースがない場合はイーストを小さじ1にしてください。
※時間をかけずに通常のコースで焼きたい場合もイーストを小さじ1にしてください。

4. 焼き上がったら、すぐにパンケースから取り出す。

5. 網において粗熱をとる。

手でこねて、オーブンで焼く場合

1. イーストの分量を小さじ1/2にする。強力粉と混ぜ合わせる。
2. ボウルに水・プレーンヨーグルト・はちみつ→ 塩→ 1. の順に入れてカードで混ぜる。
3. P.16 〜 P.19「春よ恋のもちもちシンプル食パン」を参照し、同様に作る。

ホームベーカリー レーズン食パン

しっとり、むぎゅっとしたパンを噛みしめると、レーズンの濃厚な香り。
生クリームやはちみつがたっぷり入った生地に、レーズンを合わせました。
リッチなクラムに、ほどよい酸味のバランスがたまりません。

リッチ度
✳✳✳

しっとり
✳✳✳

甘さ
✳✳

材料（1斤型1台分）

強力粉（はるゆたか）……… 250 g
インスタントドライイースト（金サフ）……… 小さじ1
水 ……… 130 g
生クリーム ……… 35 g
卵黄 ……… 20 g
はちみつ ……… 12 g
きび砂糖 ……… 12 g、塩 ……… 5 g
発酵バター（食塩不使用）……… 15 g
レーズン ……… 75 g

手でこねて、オーブンで焼く場合

1. イーストの分量を小さじ1/2にする。強力粉と混ぜ合わせる。
2. ボウルに水・生クリーム・卵黄・はちみつ → 砂糖・塩 → **1.** の順に入れてカードで混ぜる。
3. P.41 ② 〜 P.42 ③「生クリーム食パン」を参照してこねて、こね終わりにレーズンを加えて軽くこねて混ぜ込む。
4. P.42 ④ 〜 P.43 を参照し、同様に作る。

作り方

1. 材料を計量する。
2. パンケースに羽根をセットする。パンケースに水、生クリーム、卵黄、はちみつを入れ、強力粉を入れる。その上にきび砂糖、塩、イースト、発酵バターをおく。レーズンは自動投入口にセットする。投入口がない場合は、取扱説明書に従って具材を加える。

※塩とイーストが触れないように離しておくこと。
※レーズンは水で戻さずにそのまま使う。やわらかくしてからホームベーカリーでこねると、粉々になる場合がある。

3. 通常コースを選択し、スタートさせる。
4. 焼き上がったら、すぐにパンケースから取り出す。
5. 網において粗熱をとる。

ホームベーカリー ココア食パン

ほろ苦くて、ブラウンカラーが美しい、大人のココア味。
甘くないスポンジケーキのような、しっとりした食感です。
マスカルポーネチーズや、ベリー系のジャムと一緒に楽しみたい。

きめの細かさ
✹✹✹

しっとり
✹✹✹

甘さ
✹

材料（1斤型1台分）

強力粉（イーグル）……… 250 g
ココアパウダー ……… 20 g
インスタントドライイースト（金サフ）……… 小さじ1/3
水 ……… 200 g
クリープ ……… 12 g
きび砂糖 ……… 30 g
塩 ……… 5 g
バター（食塩不使用）……… 25 g

作り方

1. 材料を計量する。

2. パンケースに羽根をセットする。パンケースに水とクリープを入れ、強力粉とココアパウダーを入れる。その上にきび砂糖、塩、イースト、バターをおく。

※塩とイーストが触れないように離しておくこと。

3. 天然酵母コースを選択し、スタートさせる。

※天然酵母コースがない場合はイーストを小さじ1にしてください。
※時間をかけずに通常のコースで焼きたい場合もイーストを小さじ1にしてください。

4. 焼き上がったら、すぐにパンケースから取り出す。

5. 網において粗熱をとる。

手でこねて、オーブンで焼く場合

1. イーストの分量を小さじ1/2にする。強力粉・ココアパウダーと混ぜ合わせる。
2. ボウルに水・クリープ→砂糖・塩→1．の順に入れてカードで混ぜる。
3. P.16～P.19「春よ恋のもちもちシンプル食パン」を参照し、同様に作る。

ホームベーカリー あずき食パン

あずき缶詰をどっさり練り込んだ、薄紫色の食パン。
「春よ恋」らしいもっちり感に、あずきのコクと香りが広がります。
和テイストときれい色が、贈りものにもよろこばれそう。

甘さ
✲✲✲

うまみ
✲✲✲

ねっちり
✲✲

材料（1斤型1台分）

強力粉（春よ恋）……… 250 g
インストドライイースト（金サフ）……… 小さじ1/3
水 ……… 90 g
ゆであずき（缶詰）……… 200 g
塩 ……… 6 g
バター（食塩不使用）……… 18 g

作り方

1. 材料を計量する。

2. パンケースに羽根をセットする。パンケースに水とゆであずきを入れ、強力粉を入れる。その上に塩、イースト、バターをおく。

※塩とイーストが触れないように離しておくこと。

3. 天然酵母コースを選択し、スタートさせる。

※天然酵母コースがない場合はイーストを小さじ1にしてください。
※時間をかけずに通常のコースで焼きたい場合もイーストを小さじ1にしてください。

4. 焼き上がったら、すぐにパンケースから取り出す。

5. 網において粗熱をとる。

手でこねて、オーブンで焼く場合

1. イーストの分量を小さじ1/2にする。強力粉と混ぜ合わせる。
2. ボウルに水・ゆであずき → 塩 → 1. の順に入れてカードで混ぜる。
3. P.16～P.19「春よ恋のもちもちシンプル食パン」を参照し、同様に作る。

ホームベーカリー

グラハム食パン

全粒粉を加えて、素朴な風味を楽しめるパンにしました。
たっぷりの気泡が入った軽い食感が特徴。
甘さひかえめなので、食事に合わせて食べてもらいたいです。

軽さ
❊❊❊

プチプチ
❊❊❊

引き
❊

材料（1斤型1台分）

強力粉（春よ恋）……… 200 g

全粒粉 ……… 50 g

インストドライイースト ……… 小さじ 1/4

水 ……… 140 g

プレーンヨーグルト ……… 50 g

はちみつ ……… 15 g

塩 ……… 5 g

バター（食塩不使用）……… 15 g

❊ 手でこねて、オーブンで焼く場合 *Baking Oven*

1. イーストの分量を小さじ 1/2 にする。強力粉・全粒粉と混ぜ合わせる。
2. ボウルに水・プレーンヨーグルト・はちみつ → 塩 → 1. の順に入れてカードで混ぜる。
3. P.16～P.19「春よ恋のもちもちシンプル食パン」を参照し、同様に作る。

作り方

1. 材料を計量する。

2. パンケースに羽根をセットする。パンケースに水、プレーンヨーグルト、はちみつを入れ、強力粉と全粒粉を入れる。その上に塩、イースト、バターをおく。

※塩とイーストが触れないように離しておくこと。

3. 天然酵母コースを選択し、スタートさせる。

※天然酵母コースがない場合はイーストを小さじ1にしてください。
※時間をかけずに通常のコースで焼きたい場合もイーストを小さじ1にしてください。

4. 焼き上がったら、すぐにパンケースから取り出す。

5. 網において粗熱をとる。

ホームベーカリー エスプレッソ食パン

香り高いエスプレッソコーヒーをたっぷり練り込んで、
軽い苦みと酸味を楽しめるようにしました。
眠い朝にもぴったり。コーヒー党の方にぜひ、食べてもらいたいパンです。

しっとり ✳︎✳︎✳︎

苦み ✳︎✳︎

引き ✳︎✳︎

材料（1斤型1台分）

- 強力粉（ゴールデンヨット）………… 250 g
- インスタントドライイースト（金サフ）………… 小さじ 1/3
- 水 ……… 110 g
- エスプレッソ ……… 75 ml
  （エスプレッソがなければインスタントコーヒーを濃いめに溶く）
- クリープ ……… 12 g
- きび砂糖 ……… 25 g
- 塩 ……… 5 g
- バター（食塩不使用）……… 18 g

作り方

1. 材料を計量する。
2. パンケースに羽根をセットする。パンケースに水、エスプレッソ、クリープを入れ、強力粉を入れる。その上にきび砂糖、塩、イースト、バターをおく。

※塩とイーストが触れないように離しておくこと。

3. 天然酵母コースを選択し、スタートさせる。

※天然酵母コースがない場合はイーストを小さじ1にしてください。
※時間をかけずに通常のコースで焼きたい場合もイーストを小さじ1にしてください。

4. 焼き上がったら、すぐにパンケースから取り出す。
5. 網において粗熱をとる。

手でこねて、オーブンで焼く場合

1. イーストの分量を小さじ1/2にする。強力粉と混ぜ合わせる。
2. ボウルに水・エスプレッソ・クリープ → 砂糖・塩 → 1. の順に入れてカードで混ぜる。
3. P.16〜P.19「春よ恋のもちもちシンプル食パン」を参照し、同様に作る。

ホームベーカリー

くるみメープル食パン

お菓子やパンケーキで定番の組み合わせを、食パンで再現しました。
メープルの甘い香りが漂い、ナッツの食感も豊か。
チーズとの相性もいいので、ディナーのお供にも最適です。

やわらかさ
✻✻

甘さ
✻✻

歯切れ
✻✻

材料（1斤型1台分）

強力粉（ゴールデンヨット） ……… 250 g

インスタントドライイースト ……… 小さじ 1/4

水 ……… 120 g

牛乳 ……… 60 g

メープルシロップ ……… 15 g

きび砂糖 ……… 8 g

塩 ……… 5 g

バター（食塩不使用）……… 18 g

くるみ ……… 50 g（150℃のオーブンで15分間、空焼きをする）

手でこねて、オーブンで焼く場合

1. イーストの分量を小さじ1/2にする。強力粉と混ぜ合わせる。
2. ボウルに水・牛乳・メープルシロップ→ 砂糖・塩→ 1. の順に入れてカードで混ぜる。
3. P.16「春よ恋のもちもちシンプル食パン」を参照してこねて、こね終わりにくるみを加えて軽くこねて混ぜ込む。
4. P.17〜P.19を参照し、同様に作る。

作り方

1　材料を計量する。

2　パンケースに羽根をセットする。パンケースに水、牛乳、メープルシロップを入れ、強力粉を入れる。その上にきび砂糖、塩、イースト、バターをおく。くるみは自動投入口にセットする。投入口がない場合は、取扱説明書に従って具材を加える。

※塩とイーストが触れないように離しておくこと。

3　天然酵母コースを選択し、スタートさせる。

※天然酵母コースがない場合はイーストを小さじ1にしてください。
※時間をかけずに通常のコースで焼きたい場合もイーストを小さじ1にしてください。

4　焼き上がったら、すぐにパンケースから取り出す。

5　網において粗熱をとる。

ホームベーカリー

ストロベリー食パン

生のいちごとコンデンスミルクを入れて、キュートなピンクのパンにしました。
むっちり弾力と種のプチプチ感が、たまりません。
焼き立てに、生のいちごとマスカルポーネチーズを添えるのがおすすめ。

甘い香り
※※※

甘さ
※※

酸味
※※

材料（1斤型1台分）

強力粉（ゆめちからブレンド）……… 250 g
インスタントドライイースト（金サフ）……… 小さじ 1/4
水 ……… 30 g
牛乳 ……… 80 g
コンデンスミルク ……… 15 g
いちご ……… 75 g （4〜6等分にする）
きび砂糖 ……… 20 g
塩 ……… 4 g
バター（食塩不使用）……… 20 g

手でこねて、オーブンで焼く場合

1. イーストの分量を小さじ1/2にする。強力粉と混ぜ合わせる。
2. ボウルに水・牛乳・コンデンスミルク・いちごを加えて、手でつぶすように混ぜる。→ 砂糖・塩→ 1. の順に入れてカードで混ぜる。
3. P.16〜P.19「春よ恋のもちもちシンプル食パン」を参照して、同様に作る。

作り方

1. 材料を計量する。

2. パンケースに羽根をセットする。パンケースに水、牛乳、コンデンスミルク、いちごを入れ、強力粉を入れる。その上にきび砂糖、塩、イースト、バターをおく。

※塩とイーストが触れないように離しておくこと。

3. 天然酵母コースを選択し、スタートさせる。

※天然酵母コースがない場合はイーストを小さじ1にしてください。
※時間をかけずに通常のコースで焼きたい場合もイーストを小さじ1にしてください。

4. 焼き上がったら、すぐにパンケースから取り出す。

5. 網において粗熱をとる。

ホームベーカリー チーズゴロゴロ食パン

濃厚なコクと香りが魅力のチェダーチーズを練り込みました。
ビールのおつまみにもなる、やみつき味。
焼き立ての、チーズがとろりと溶けたところをどうぞ。

コク
✻✻✻

もちもち
✻✻

弾力
✻✻

材料（1斤型1台分）

強力粉（春よ恋）……… 250 g
インストドライイースト ……… 小さじ 1/4
水 ……… 100 g、牛乳 ……… 80 g
きび砂糖 ……… 15 g
塩 ……… 5 g
バター（食塩不使用）……… 12 g
レッドチェダーチーズ ……… 80 g（1〜2cm角に切る）

※チーズは大きめに切った方が粒が残りやすいです。

手でこねて、オーブンで焼く場合

1. イーストの分量を小さじ 1/2 にする。強力粉と混ぜ合わせる。
2. ボウルに水・牛乳 → 砂糖・塩 → 1．の順に入れてカードで混ぜる。
3. P.16「春よ恋のもちもちシンプル食パン」を参照してこねて、こね終わりにチーズを加えて軽くこねて混ぜ込む。
4. P.17〜P.19 を参照して、同様に作る。

作り方

1. 材料を計量する。

2. パンケースに羽根をセットする。パンケースに水と牛乳を入れ、強力粉を入れる。その上にきび砂糖、塩、イースト、バターをおく。

※塩とイーストが触れないように離しておくこと。

3. 天然酵母コースを選択し、スタートさせる。取扱説明書に従い、ブザー機能などを利用して、途中でチーズを加える。

※天然酵母コースがない場合はイーストを小さじ1にしてください。
※時間をかけずに通常のコースで焼きたい場合もイーストを小さじ1にしてください。

4. 焼き上がったら、すぐにパンケースから取り出す。

5. 網において粗熱をとる。

小麦粉カタログ

Home Made Bread / Bread Flour

食パンの成分で最も多くを占めるのは、小麦粉です。
ふんわりなのか、軽いのか。
本書では目指すパンによって小麦粉を選び、
その粉を最大限に活かすレシピを掲載しています。
この本で登場する小麦粉は、国産・外国産合わせて10種類以上。
その中でも代表的なものをご紹介します。

ゆめちからブレンド
国産強力粉

北海道産小麦粉「ゆめちから」100%。北海道産小麦粉ならではのもちもち感に加えて、力強い弾力を持つパンが焼き上がります。吸水性がよく、作業がしやすいのも特徴です。

はるゆたか
国産強力粉

北海道産の強力粉。国産小麦らしいもっちり感とやわらかさがあります。北米産の小麦粉にくらべると、ふくらみはひかえめ。クラムのきめの細かさとしっとり感を味わえます。

ゴールデンヨット
最強力粉

「高級ホテル食パン」などによく使われる北米産小麦粉。「最強力粉」の名の通り、タンパク質含有量が特に多く、約13.5%。窯伸びがよく、ボリュームがあるふわふわとした焼き上がりに。

春よ恋
国産強力粉

北海道産小麦粉のなかでも知名度・人気が高い粉。もっちり&ふんわり感が強く、日本人好みの食感が完成します。風味は特に強くないので、油脂や乳製品の香りが引き立ちます。

イーグル
強力粉

ふっくらとした食パン作りに向いている粉として、多くのパン屋さんで使われている北米産小麦粉。べたつかず扱いやすく、手ごねのパンもとても作りやすいのが特徴。

南のめぐみ
国産強力粉

九州産小麦粉「ミナミノカオリ」100%。あっさりとした味わいで、副材料の味を引き立てます。しっとり感ときめ細かさが感じられ、全体的にふわふわ&さくさくな仕上がりに。

リスドォル
準強力粉

バゲットやハード系のパン専用に開発された小麦粉。産地はカナダ、アメリカ、オーストラリアなどがミックスされています。グルテンが少なく、耳のカリッと感、クラムの軽さが出ます。

オーション
強力粉

北米産の小麦粉。タンパク質含有量約13%で、しっかりとグルテンを形成し、上方向によくふくらみます。灰分（ミネラル）が多いので、風味が強い材料を合わせても負けません。

ベルムーラン
強力粉

タンパク質と灰分のバランスがよく、初心者にも扱いやすいオールマイティな小麦粉です。産地はアメリカ・カナダ主体。ふわふわ感とほどよい弾力が出て、粉の甘みが感じられます。

高橋雅子・たかはし まさこ

1969年神奈川県生まれ。22歳から製パンスクールに通い、ル・コルドン・ブルーでさらに製パンを学ぶ。また、日本ソムリエ協会ワインアドバイザーの資格を取得。99年より、パンとワインの教室「わいんのある12ヶ月」を主宰。全国各地から生徒が集まり、ウエイティングは1年以上という盛況ぶり。2009年ベーグル販売とカフェ「テコナベーグルワークス」を開店。著書に『「自家製酵母」のパン教室』『少しのイーストで ゆっくり発酵パン』『ゆっくり発酵カンパーニュ』『ゆっくり発酵ベーグル』『ゆっくり発酵バゲット&リュスティック』『ゆっくり発酵スコーンとざっくりビスコッティ』『テコナベーグルワークス レシピブック』『少しのイーストでホームベーカリー 天然酵母コースでゆっくり発酵』『続・「自家製酵母」のパン教室』『$\frac{1}{2}$イーストで簡単！ 私がつくる惣菜パン』『ストックデリで簡単！ パン弁』（すべてPARCO出版）などがある。　わいんのある12カ月 http://www.wine12.com/

撮影：馬場わかな
スタイリング：岩崎牧子
ブックデザイン：鈴木みのり
編集：河合知子

パン製作アシスタント
北澤幸子　井之上浩子　岡本まどか
中野普子　石田薫

協力：佐々木素子

おうちで作る
プレミアム食パン

発行日　2019年 7月 8日 第1刷
　　　　2019年11月27日 第3刷
著者　高橋雅子
発行人　井上肇
編集　堀江由美
発行所　株式会社パルコ
　　　エンタテインメント事業部
　　　東京都渋谷区宇田川町15-1
　　　03-3477-5755
　　　https://publishing.parco.jp

印刷・製本　株式会社加藤文明社

© 2019 Masako Takahashi
© 2019 PARCO CO., LTD.

無断転載禁止
ISBN978-4-86506-305-9 C2077
Printed in Japan.

材料協力
TOMiZ（富澤商店）
tel.042-776-6488
http://www.tomiz.com/

撮影協力
パナソニック
tel.0120-878-694
https://panasonic.jp

免責事項
本書のレシピについては万全を期しておりますが、万が一、けがややけど、機械の破損・損害などが生じた場合でも、著者および発行所は一切の責任を負いません。

落丁本・乱丁本は購入書店名を明記のうえ、小社編集部あてにお送りください。
送料小社負担にてお取り替え致します。
〒150-0045 東京都渋谷区神泉町8-16
渋谷ファーストプレイス　パルコ出版　編集部